Table of Contents

Vocabulary, Grammar and Workbook

Lesson 1 Vocabulary, Grammar, Dialogue: 내일 같이 점심을 먹을 수 있어요?......6

Lesson 2 Vocabulary, Grammar, Dialogue: 수지씨한테 데이트 신청 할 거예요?......9

Lesson 3 Vocabulary, Grammar, Dialogue: 여기에 앉으세요..................................13

Lesson 4 Vocabulary, Grammar, Dialogue: 자장면을 먹을까요? 짬뽕을 먹을까요?......18

Lesson 5 Vocabulary, Grammar, Dialogue: 주말에 노래를 하거나 춤을 춰요 21

Lesson 6 Vocabulary, Grammar, Dialogue: 이 음식이 맛있어요?.......................24

Lesson 7 Vocabulary, Grammar, Dialogue: 기분이 어때요 ?............................31

Lesson 8 Vocabulary, Grammar, Dialogue: 드레스 좀 보여 주세요.....................36

Lesson 9 Vocabulary, Grammar, Dialogue: 어떤 남자를 좋아해요 ? 42

Lesson 10 Vocabulary, Grammar, Dialogue: 드레스를 한번 입어보세요 46

Lesson 11 Vocabulary, Grammar, Dialogue: 음식을 만들고 파티를 준비할 거예요............51

Lesson 12 Vocabulary, Grammar, Dialogue: 노래방에 한국 노래를 부르러 가요........55

Lesson 13 Vocabulary, Grammar, Dialogue: 기분이 좋을때 와인을 마셔요............58

Lesson 14 Vocabulary, Grammar, Dialogue: 저는 일년동안 한국어를 공부했어요......64

Lesson 15 Vocabulary, Grammar, Dialogue: 곤돌라로 가요 68

Lesson 16 Vocabulary, Grammar, Dialogue: 길을 건너세요. 그리고 쭉 가세요. 74

Lesson 17 Vocabulary, Grammar, Dialogue: 사거리에서 오른쪽으로 가세요 . 은행 건너편에 있어요...78

Lesson 18 Vocabulary, Grammar, Dialogue: 공원에서 빨리 뛰었어요. 83

Lesson 19 Vocabulary, Grammar, Dialogue: 민호씨는 정말 귀엽게 춤을 춰요........88

Lesson 20 Vocabulary, Grammar, Dialogue: 수지씨한테 선물을 주려고 해요........93

Lesson 21 Vocabulary, Grammar, Dialogue: 시간이 없어서 파티에 안 갔어요....................96

Lesson 22 Vocabulary, Grammar, Dialogue: 지금 회의에 가야 해요.................................100

Lesson 23 Vocabulary, Grammar, Dialogue: 오늘 푹 쉬세요...103

Lesson 24 Vocabulary, Grammar, Dialogue: 이 순두부 찌개는 별로 맵지 않아요.............109

Lesson 25 Vocabulary, Grammar, Dialogue: 산낙지를 먹어 봤어요 ?..............................114

Lesson 26 Vocabulary, Grammar, Dialogue: 어머니께서 집에 계세요.............................117

Lesson 27 Vocabulary, Grammar, Dialogue: 아주 멋있으세요 123

Lesson 28 Vocabulary, Grammar, Dialogue: 어머니께서 집에서 한국 요리를 하셨어요.128

Lesson 29 Vocabulary, Grammar, Dialogue: 이빨을 닦고 세수를 해요. 131

Lesson 30 Vocabulary, Grammar, Dialogue: 만나서 이야기해요....................................135

Lesson 31 Vocabulary, Grammar, Dialogue: 제 새해 계획은 다이어트하기예요............140

Lesson 32 Vocabulary, Grammar, Dialogue: 제니씨가 일찍 일어나기 전에 아침을 만들까요?..146

Lesson 33 Vocabulary, Grammar, Dialogue: 백화점은 낮지만 건물은 높아요................152

Lesson 34 Vocabulary, Grammar, Dialogue: 배가 고픈데 식당에서 음식을 시킬까요?...159

Lesson 35 Vocabulary, Grammar, Dialogue: 돈이 아주 많으면 뭐 하고 싶어요? 165

Lesson 36 Vocabulary, Grammar, Dialogue: 오늘 햇빛이 나요......................................169

Lesson 37 Vocabulary, Grammar, Dialogue: 회의를 하니까 조용히 하세요....................176

Lesson 38 Vocabulary, Grammar, Dialogue: 다음에 제가 맛있는 식당을 추천할게요....180

Lesson 39 Vocabulary, Grammar, Dialogue: 저는 중국음식을 먹을래요..........................185

Lesson 40 Vocabulary, Grammar, Dialogue: 돈을 많이 모은 후에 큰 집을 살 거예요....190

Lesson 41 Vocabulary, Grammar, Dialogue: 지금 여행을 계획하고 있어요.....................194

Lesson 42 Vocabulary, Grammar, Dialogue: 새해부터 살을 빼기로 했어요....................197

Lesson 43 Vocabulary, Grammar, Dialogue: 수지씨한테서 이메일이 왔어요.................202

Lesson 44 Vocabulary, Grammar, Dialogue: 신용 카드로 계산해도 돼요? 205

Lesson 45 Vocabulary, Grammar, Dialogue: 프린터가 고장이 났는데 고쳐 주세요..........210

Lesson 46 Vocabulary, Grammar, Dialogue: 중요한 선물인데 신경 써 주시겠어요?

....216

Author

Layun Choi

She is a native Korean speaker and a Korean language teacher. She has many years of experience in teaching Korean language to foreigners. She created Speak Korean Today! Beginner Korean 1 ~ 5 so that students can learn beginner Korean easily in a step-by-step process. She has a lot of love for teaching and hopes that this book can help students in learning Korean.

Copyright © Since 2015

Layun Choi

All rights reserved.

Printed in USA

Lesson 1 - 내일 같이 점심을 먹을 수 있어요?

Can we eat lunch together tomorrow?

Vocabulary

아침	breakfast
점심	lunch
저녁	dinner
먹다	to eat
못	can't
만나다	to meet
약속하다	to promise
술한잔 하다	to have a drink
골프치다	to play golf
이야기하다	to talk

Lesson 1 - 내일 같이 점심을 먹을 수 있어요?

Can we eat lunch together tomorrow?

Grammar

~ 을 수 있어요   -   I can ~

V + ㄹ 수 있어요

C + 을 수 있어요

먹/다	→	먹을 수 있어요
만나/다	→	만날 수 있어요.
약속하/다	→	약속할 수 있어요.
운전하/다	→	운전 할 수 있어요.
골프치/다	→	골프칠 수 있어요.

Lesson 1 - 내일 같이 점심을 먹을 수 있어요?

Can we eat lunch together tomorrow?

Dialogue

수지: 내일 같이 **점심을 먹을 수 있어요**?
제니: 아니요, **못 먹어요**. 약속이 있어요.
수지: 그럼 오늘 같이 **점심을 먹을 수 있어요**?
제니: 네, **먹을 수 있어요**. 같이 **먹어요**.

만나다
이야기하다
저녁 약속하다
골프치다
영화보다
술한잔 하다
숙제하다

Lesson 2 - 수지씨한테 데이트 신청 할 거예요?

I am asking for a date to Suzy.

Vocabulary

한테	to
데이트 신청하다	to ask for a date
쓰다	to write
주다	to give
전화를 걸다	to make a phone call
이야기하다	to talk
가르치다	to teach
물어보다	to ask
말하다	to speak

Lesson 2 - 수지씨한테 데이트 신청 할 거예요?

I am asking for a date to Suzy.

Grammar

~ 한테   to (someone)

수지씨**한테** 편지를 써요.

수지씨**한테** 선물을 줘요.

수지씨**한테** 전화를 걸어요.

수지씨**한테** 이야기해요.

수지씨**한테** 영어를 가르쳐요.

수지씨**한테** 물어봐요.

수지씨**한테** 말해요.

Lesson 2 - 수지씨한테 데이트 신청 할 거예요?

I am asking for a date to Suzy.

Dialogue

시원: 누구한테 **데이트 신청 할 거예요?**
민호: 수지씨한테 **데이트 신청 할 거예요.**

| 편지를 쓰다 | 선물을 주다 | 전화를 걸다 | |
| 이야기하다 | 영어를 가르치다 | 물어보다 | 말하다 |

Lesson 3 - 여기에 앉으세요.

Please sit here.

Vocabulary

일어나다	앉다	나가다	들어오다
Stand up	sit	Go out (exit)	Come in
문을 (책을) 열다	문을 (책을) 닫다	쓰다	읽다
Open the door (book)	Close the door (book)	write	read
노래하다	따라하다	말하다	소리치다
sing	follow	speak	shout

운전하다	주차하다	손을 들다	길건너다
drive	park	Raise a hand	Cross the street
물어보다	대답하다	조심하다	조용하다
ask	answer	Be careful	Be quiet
담배피우다	smoke	지우다	erase

Lesson 3 - 여기에 앉으세요.

Please sit here.

Grammar

~ 세요/ 으세요   (polite request, command / suggestion - Please ~)

V + 세요   마시/다   →   마시세요

C + 으세요 .   읽/다   →   읽으세요

ㄹ take out ㄹ + attach 세요   놀/다   →   노세요

듣다 → 들으세요

건너/다   →   건너세요
입/다   →   입으세요
살/다   →   사세요

~ 지 마세요.   (Don't do~)

가/다   →   가지 마세요

공부하/다   →   공부하지 마세요

Lesson 3 - 여기에 앉으세요.

Please sit here.

Dialogue

대화 1
제니: **일어나세요.**

대화 2
제니: **일어나지 마세요.**

일어나다	앉다	나가다	들어오다
문을 (책을) 열다	문을 (책을) 닫다	쓰다	읽다
노래하다	따라하다	말하다	소리치다
운전하다	주차하다	손을 들다	길건너다
물어보다	대답하다	조심하다	조용하다
담배피우다	지우다		

대화 3

수지:　　여기에 **주차할 수 있어요**?
아저씨: 아니요, **주차 못 해요**. **주차하지 마세요**.

주차하다	술마시다	음식을 먹다	담배피우다
길을 건너다	나가다	들어오다	앉다

Lesson 4 -   자장면을   먹을까요 ?   짬뽕을   먹을까요 ?

Should we eat Jajangmyeon? Should we eat Jjambbong?

Vocabulary

자장면	Jajangmyeon (black bean sauce noodle)
짬뽕	Jjambbong (Spicy seafood noodle soup)
먹다	to eat
영화	movie
한국드라마	Korean drama
보다	watch
낚시 하다	to fish
골프 치다	to play golf
술	alcohol drinks
마시다	to drink

Lesson 4 - 자장면을 먹을까요? 짬뽕을 먹을까요?

Should we eat Jajangmyeon? Should we eat Jjambbong?

Grammar

~ ㄹ/을까요?   - Should we ~ (making a suggestion)

V + ㄹ 까요?   가/다   →   갈까요?

C + 을 까요?   읽/ 다   →   읽을까요?

보/다	→	볼까요?
먹/다	→	먹을까요?
낚시하/다	→	낚시할까요?
골프치/다	→	골프칠까요?
마시/다	→	마실까요?

Lesson 4 - 자장면을 먹을까요? 짬뽕을 먹을까요?

Should we eat Jajangmyeon? Should we eat Jjambbong?

Dialogue

수지: **자장면을 먹을까요? 짬뽕을 먹을까요?**

제니: 글쎄요 ... **짬뽕을 먹을까요?**

영화를 보다 / 한국 드라마를 보다

낚시하다 / 골프 치다

밥을 먹다 / 술을 마시다

파티에 가다 / 콘서트에 가다

도서관에서 숙제하다 / 집에서 숙제하다

한국어를 배우다 / 영어를 배우다

Lesson 5 - 주말에 노래를 하거나 춤을 춰요.

I sing or dance on weekends.

Vocabulary

노래하다	to sing
춤을 추다	to dance
한국 식당에서 저녁을 먹다	to eat dinner at a Korean restaurant
자전거를 타다	to ride a bike
여자 친구를 만나다	to meet with a girlfriend
놀이 공원에 가다	to go to amusement park
연극을 보다	to watch a play
박물관에서 구경하다	to sight see at the museum
요가를 하다	to do yoga
산책하다	to go for a stroll
등산하다	to go hiking in the mountain
낚시하다	to fish

Lesson 5 - 주말에 노래를 하거나 춤을 춰요.

I sing or dance on weekends.

Grammar

'거나' means 'or'. This word is used when you are combining two sentences using 'or'.

노래하/다 춤을 추/다

'거나' is attached to the stem of the verb.

노래하**거나** 춤을 춰요.

한국 식당에서 저녁을 먹다 / 자전거를 타다
한국식당에서 저녁 먹**거나** 자전거를 타요.

여자 친구를 만나다 / 놀이 공원에 가다
연극을 보다 / 박물관에서 구경하다
요가를 하다 / 산책하다
등산하다 / 낚시하다

Lesson 5 - 주말에 노래를 하거나 춤을 춰요.

I sing or dance on weekends.

Dialogue

수지: 이번 주말에 뭐를 할까요?

민호: **노래를 하거나 춤을 춰요.**

노래하다 / 춤을 추다
한국 식당에서 저녁을 먹다 / 자전거를 타다
친구를 만나다 / 놀이 공원에 가다
연극을 보다 / 박물관에서 구경하다
요가를 하다 / 산책하다
등산하다 / 낚시하다

Lesson 6 - 이 음식이 맛있어요?

Is this food delicious?

Vocabulary

형용사

맛이 있다	delicious	예쁘다	pretty
맛이 없다	Not delicious	아름답다	beautiful
멋이 있다	Cool, stylish, fabulous	잘생겼다	handsome
멋이 없다	Uninteresting, dull, dry	못생겼다	ugly
재미 있다	fun	비싸다	expensive
재미 없다	boring	싸다	cheap

좋다	good	깨끗하다	clean
나쁘다	bad	더럽다	dirty
크다	big	높다	high
작다	small	낮다	low
길다	long	멀다	far
짧다	short	가깝다	close
넓다	wide	덥다	hot
좁다	narrow	춥다	cold
빠르다	fast	어렵다	difficult
느리다	slow	쉽다	easy
배고프다	hungry	배부르다	full
피곤하다	tired	힘들다	Difficult, hard
많다	A lot	적다	little

부사

참	very
아주	very

Lesson 6 - 이 음식이 맛있어요?

Is this food delicious?

Grammar

ㅏ or ㅗ □ 아요	좋다 → 좋아요
Others □ 어요	재미 있다 → 재미 있어요
ㅣ □ take out ㅣ + ㅕ요	느리다 → 느려요
ㅡ □ take out ㅡ + ㅓ요	크다 → 커요
ㅂ consonant □ take out ㅂ + 워요	덥다 → 더워요

Exception

나쁘다 / 아프다 →   나빠요 / 아파요

맛있다	맛없다	멋있다	멋없다	재미 있다
재미 없다	좋다	나쁘다	크다	작다
길다	짧다	넓다	좁다	빠르다
느리다	배고프다	배부르다	피곤하다	힘들다

많다	적다	예쁘다	아름답다	잘생겼다
못생겼다	비싸다	싸다	깨끗하다	더럽다
높다	낮다	멀다	가깝다	덥다
춥다	어렵다	쉽다		

Lesson 6 - 이 음식이 맛있어요?

Is this food delicious

Dialogue

대화1

제니: **이 음식이** (옷/ 분/ 구두/ 장소/ 날씨/ 사과 / 오늘 기분) 어때요?

시원: **맛있어요.**

대화2

제니: **이 음식이** (옷/ 분/ 구두/ 장소/ 날씨/ 사과 / 오늘 기분) 맛있어요?

시원: 네, **맛있어요.**/ 아니요, **맛없어요**.

형용사

맛이 있다	예쁘다	멋이 있다	잘생겼다
맛이 없다	아름답다	멋이 없다	못생겼다
재미 있다	비싸다	좋다	깨끗하다

재미 없다	싸다	나쁘다	더럽다
크다	높다	길다	멀다
작다	낮다	짧다	가깝다
넓다	덥다	빠르다	어렵다
좁다	춥다	느리다	쉽다
배고프다	피곤하다	많다	
배부르다	힘들다	적다	

부사

참	아주

Lesson 7 - 기분이 어때요 ?

How are you feeling?

Vocabulary

행복하다	to be happy
화나다	to be angry
심심하다	to be bored
신나다	to be excited
슬퍼요	to be sad
무섭다	to be scared
떨리다	to be excited
착하다	to be nice
재미 있다	to be fun
재미 없다	to be no fun
기분이 좋다	to be in a good mood
기분이 나쁘다	to be in a bad mood

Lesson 7 - 기분이 어때요?

How are you feeling?

문법을 공부해요

Grammar

하다	→ 해요	심심하다	→	심심해요
ㅏ or ㅗ	→ 아요	좋다	→	좋아요
others	→ 어요	재미 있다	→	재미 있어요
ㅣ	→ take out ㅣ + ㅕ요	떨리다	→	떨려요
ㅡ	→ take out ㅡ + ㅓ요	슬프다	→	슬퍼요
ㅂ consonant	take out ㅂ + 워요	덥다	→	더워요

Exception

나쁘다/ 아프다 → 나빠요/ 아파요

행복하다 → 행복해요

화나다

심심하다

신나다

슬프다

무섭다

떨리다

재미 있다

재미 없다

기분이 좋다

기분이 나쁘다

Lesson 7 - 기분이 어때요?

How are you feeling?

Dialogue

대화 1

시원 : 기분이 어때요?

행복하다	화나다	심심하다	신나다	슬프다
무섭다	떨리다	재미 있다	재미 없다	
기분이 좋다	기분이 나쁘다			

대화 2

민호 : 어제 수지씨를 만났어요! 수지씨하고 저녁을 먹었어요.

시원 : 와, 기분이 어때요?

민호 : **행복해요! 수지씨 아주 예뻐요.**

시원 : **재미 있었어요?**

민호 : **네, 재미 있었어요.**

행복하다/ 예쁘다/ 재미있다

화나다/ 나쁘다/ 재미없다

슬퍼요/ 나쁘다/ 재미없다

기분이 안좋다/ 무섭다/ 재미 없다

기분이 나쁘다/ 재미없다/ 심심하다

좋아요/ 착하다/ 재미있다

Lesson 8 - 드레스 좀 보여 주세요.
Please show me the dress.

Vocabulary

좀   word to make it more polite, or little
보여 주다   to show

형용사 Adjectives

크다/ 작다   big/ small
비싸다/ 싸다   expensive/ cheap
길다/ 짧다   long/ short
얇다/ 두껍다   thin/ thick
높다/ 낮다   high/ low
많다/ 적다   a lot/ little (amount)
넓다/ 좁다   wide/ narrow
멀다/ 가깝다   far/ close

좋다/ 나쁘다	good/ bad
멋있다/ 멋없다	stylish, cool / not stylish, coo
아름답/다/ 예쁘다	beautiful/ pretty

Lesson 8 - 드레스 좀 보여 주세요.
Please show me the dress.

Grammar

지갑이 예뻐요.   The wallet **is pretty.**   VS   **예쁜** 지갑   **Pretty** wallet

ㅏ or ㅗ + 아요	작/다 →	작아요
other vowels + 어요	멀/다 →	멀어요
ㅡ ㅁ take out ㅡ + ㅓ요	크/다 →	커요
ㅂ take out ㅂ + attach 워요	아름답/다 →	아름다워요

모자가 **작아요.**

집이 **멀어요.**

신발이 **커요**

드레스가 **아름다워요.**

V + ㄴ	크다	→	큰
C + 은	작다	→	작은
있다/ 없다 있/없+는	멋있다/ 멋없다	→	멋있는/ 멋없는
ㅂ take out ㅂ + attach 운	아름답/다	→	아름다운

큰 신발
작은 모자
멋있는 티셔츠/ **멋없는** 티셔츠
아름다운 드레스

Lesson 8 - 드레스 좀 보여 주세요.

Please show me the dress.

Dialogue

가게 주인: 어서 오세요. 뭐 찾으세요?

제니: **드레스** 좀 보여 주세요.

가게 주인: 이거 어때요?

제니: 좀 **짧아요**. **긴 드레스** 있어요?

가게 주인: 그럼 이거 어때요?

드레스 - 짧다/ 길다

구두   - 높다/ 낮다

신발   - 작다/ 크다

핸드백 - 비싸다/ 싸다

핸드폰 - 두껍다/ 얇다

방   - 좁다/ 넓다

가게   - 멀다/ 가깝다

컴퓨터 - 나쁘다/ 좋다
사과 - 많다/ 적다

Lesson 9 - 어떤 남자를 좋아해요 ?

What kind of man do you like?

Vocabulary

남자	man
여자	women
소개하다	to introduce
좋아하다	to like
어떤	what kind, what, which
멋있다	to be cool, stylish, awesome
돈이 많다	to have lots of money
건강하다	to be healthy
잘생기다	to be handsome
똑똑하다	to be smart
자상하다	to be warm
착하다	to be nice
키가 크다	to be tall
재미있다	to be funny
귀엽다	to be cute

Lesson 9 - 어떤 남자를 좋아해요 ?

What kind of man do you like?

Grammar

Adjectives 형용사

어떤

어떤 음식   **어떤** 옷   **어떤** 남자   **어떤** 여자

V + ㄴ	잘 생기다 →	잘생긴
C + 은	돈이 많다 →	돈이 많은
있다/ 없다 → 있/ 없 + 는	멋있다 →	멋있는
ㅂ → take out ㅂ + 운	귀엽다 →	귀여운

멋있다 → **멋있는** 남자
돈이 많다
건강하다
잘 생기다
똑똑하다

자상하다
착하다
키가 크다
재미있다
귀엽다

Lesson 9 - 어떤 남자를 좋아해요 ?

What kind of man do you like?

Dialogue

대화1

제니: 어떤 남자를 소개할까요?

수지: **멋있는** 남자 소개해 주세요.

멋있다	돈이 많다	건강하다	잘생기다	똑똑하다
자상하다	착하다	키가 크다	재미있다	귀엽다

대화2

제니: 어떤 남자를 좋아해요 ?

수지: 저는 **키**가 **큰** 남자를 좋아해요. 그리고, **똑똑해야 해요.** 제니씨는요?

제니: **자상한** 남자를 좋아해요. 그리고 **재미있는** 남자도 좋아요.

멋있다	돈이 많다	건강하다	잘생기다	똑똑하다
자상하다	착하다	키가 크다	재미있다	귀엽다

Lesson 10 - 드레스를 한번 입어보세요.

Please try on the dress.

Vocabulary

어때요?	How is it?
한번	Once, one time
맞다	to fit
마음에 들다	to like
신다	to wear (shoes)
입다	to wear (clothes)
보여주다	to show
입어보다	to try on

옷 Clothes

바지	치마	드레스	원피스	청바지	티셔츠
pants	skirt	dress	dress	jeans	t-shirt
윗도리	잠바	코트	양복	넥타이	양말
top	jacket	coat	suit	Neck-tie	socks
모자	구두	운동화	신발		
hat	Formal shoes	sneakers	shoes		

Lesson 10 - 드레스를 한번 입어보세요 .

Please try on the dress.

Grammar

~ 어보세요   Please try ~/ why don't you try ~

ㅏ or ㅗ + attach ㅏ 보세요	나가/다 → 나가 보세요
other vowels + ㅓ 보세요	읽/다 → 읽어 보세요
l vowel □ take out ㅣ + attach ㅓ 보세요	마시/다 → 마셔 보세요
—vowel □ take out — + attach ㅓ 보세요	쓰/다 → 써 보세요
하다 □ 해 보세요	요리하/다 → 요리해 보세요

입다 → 입어 보세요

부르다

듣다

공부하다

신다

보여주다

먹다

춤추다

Lesson 10 - 드레스를 한번 입어보세요.

Please try on the dress.

Dialogue

아저씨: 뭐 찾으세요?

윤아: **드레스** 있어요? **드레스** 좀 보여 주세요.

아저씨: 이 **드레스** 는 어때요?

윤아: 너무 **짧아요** . 긴 **드레스** 있어요?

아저씨: 여기 이 **드레스** 는 어때요?

윤아: 네, 아주 **예뻐요** .

아저씨: 한번 **입어 보세요** .

윤아: 네.

아저씨: **드레스** 사이즈가 잘 맞아요?

윤아: 네, 잘 맞아요.

아저씨: 마음에 들어요?

윤아: 네, 마음에 들어요. 이 **드레스** 로 할게요 .

옷 clothes

바지	치마	드레스	원피스	청바지	티셔츠
윗도리	잠바	코트	양복	넥타이	양말
모자	구두	운동화	신발		

Lesson 11 - 음식을 만들고 파티를 준비할 거예요.

I am going to make food and prepare for the party.

Vocabulary

음식 만들다/ 파티 준비하다	to make food/ to prepare party
결혼하다/ 이사하다	to get married/ to move
당구를 치다/ 저녁을 먹다	to play pool/ to eat dinner
청소하다/ 빨래하다	to clean/ to do laundry
다리미질하다/ 요리하다	to iron/ to cook
잡지를 읽다/ 일하다	to read a magazine/ to work
커피를 마시다/ 신문을 읽다	to drink coffee/ to read newspaper
숙제가 많다/숙제가 어렵다	homework is a lot. / homework is difficult.
일이 쉽다/ 일이 재미있다	work is easy/ work is fun.
장소가 가깝다/ 장소가 깨끗하다	the place is close/ the place is clean.
산이 크다/ 산이 높다	the mountain is big/ the mountain is high.
식당이 싸다/ 식당이 맛있다	the restaurant is cheap/ the restaurant is delicious.

Lesson 11 - 음식을 만들고 파티를 준비할 거예요.

I am going to make food and prepare for the party.

Grammar

When you want to join two sentences together with 'and, you can use '고'.
'고' means 'and' and you can list things with this expression.
Delete the ending part of the verb and attach '고.

음식 만들다/ 파티 준비하다 → 음식을 만들**고** 파티를 준비해요.

결혼하다/ 이사하다 → 결혼하**고** 이사해요.

당구를 치다/ 저녁을 먹다

청소하다/ 빨래하다

다리미질하다/ 요리하다

잡지를 읽다/ 일하다

커피를 마시다/ 신문을 읽다

숙제가 많다/숙제가 어렵다

일이 쉽다/ 일이 재미있다

장소가 가깝다/ 장소가 깨끗하다

산이 크다/ 산이 높다

식당이 싸다/ 식당이 맛있다

Lesson 11 - 음식을 만들고 파티를 준비할 거예요.

I am going to make food and prepare for the party.

Dialogue

대화1

수지: 내일 뭐 할 거예요?

제니: **음식을 만들고 파티를 준비할 거예요.**

수지: 토요일에 뭐하고 싶어요?

제니: **한국 음식을 만들고 파티를 준비하고 싶어요.**

음식 만들다/ 파티 준비하다

결혼하다/ 이사하다

당구를 치다/ 저녁을 먹다

청소하다/ 빨래하다

다리미질하다/ 요리하다

잡지를 읽다/ 일하다

커피를 마시다/ 신문을 읽다

대화 2

수지: **숙제가** 어때요?

제니: **숙제가 많고 어려워요**.

숙제가 많다/숙제가 어렵다
일이 쉽다/ 일이 재미있다
장소가 가깝다/ 장소가 깨끗하다
산이 크다/ 산이 높다
식당이 싸다/ 식당이 맛있다

Lesson 12 - 노래방에 한국 노래를 부르러 가요.

I go to Noraebang to sing Korean songs.

Vocabulary

노래	song
부르다	to sing
노래 부르다	to sing a song
맥주	beer
와인	wine
마시다	to drink
가게	store
사다	to buy
백화점	department store
바꾸다	to change
산책하다	to stroll, go for a walk
책	book
읽다	to read

Lesson 12 - 노래방에 한국 노래를 부르러 가요.

I go to Noraebang to sing Korean songs.

Grammar

~ 러/으러 가요 - go (somewhere) to ~

V + 러 가요
C + 으러 가요

사다　　　→　　사러 가요
바꾸다
마시다
데이트하다
산책하다
읽다

Lesson 12 - 노래방에 한국 노래를 부르러 가요.

I go to Noraebang to sing Korean songs.

Dialogue

민호: 수지씨, 노래방에 가요?
수지: 네, 가끔 **노래방에 한국 노래 하러** 가요.
민호: 아, 그래요? 저도 가끔 **노래방에 춤추러** 가요.

가게에 와인을 사다- 소주를 사다

백화점에 옷을 사다- 구두를 사다

식당에 맥주를 마시다- 식사를 하다

커피숍에 데이트를 하다- 차를 마시다

공원에 산책을 하다 - 운동을 하다

학교에 책을 읽다 - 친구를 만나다

Lesson 13 - 기분이 좋을때 와인을 마셔요.
I drink wine when I am in a good mood.

Vocabulary

기분이 좋다/ 와인을 마시다	to be in a good mood/ to drink wine
심심하다/ 골프를 치다	to be bored
기분이 안좋다/ 친구하고 이야기하다	not in a good mood / to speak with a friend
아프다/ 닭고기 스프를 먹다	to be sick/ to eat chicken soup
일을 끝내다/ 술 한잔 하다	to finish work/ to have a drink
시험이 있다/ 도서관에서 공부를 열심히 하다	to have a test/ to study hard at the library
바쁘지 않다/ 책을 쓰다	not busy/ to write a book
피터하고 같이 만나다/ 친구를 소개하다	to meet with Peter/ to introduce a friend
수업이 시작하다/ 민호씨한테 이야기하다	Class starts/ to talk to Minho

방학   vacation (from school)

휴가	vacation (from work)
졸업식	graduation ceremony
결혼식	wedding
생일	birthday
회식	company dinner
점심	lunch
저녁	dinner

Lesson 13 - 기분이 좋을때 와인을 마셔요.

I drink wine when I am in a good mood.

Grammar

~을때   When ~

Verb stem +을때/ㄹ 때

Consonant + 을때
Vowel +   ㄹ 때

기분이 좋다/ 와인을 마시다　　　　　　　→　기분이 좋**을때** 와인을 마셔요.
심심하다/ 골프를 치다　　　　　　　　　→　심심**할** 때 골프를 쳐요.
기분이 안좋다/ 친구하고 이야기하다
아프다/ 닭고기 스프를 먹다
일을 끝내다/ 술 한잔 하다
시험이 있다/ 도서관에서 공부를 열심히 하다
바쁘지 않다/ 책을 쓰다
피터하고 같이 만나다/ 친구를 소개하다
수업이 시작하다/ 민호씨한테 이야기하다

~ 때   when, at the time of ~, on ~

Noun + 을때/ ㄹ 때

방학**때**
휴가**때**

졸업식
결혼식
생일
회식
점심
저녁

Lesson 13 - 기분이 좋을때 와인을 마셔요.

I drink wine when I am in a good mood.

Dialogue

대화1

수지: **기분이 좋을때** 뭐해요?

민호: **기분이 좋을때 와인을 마셔요.** 수지씨는요?

수지: **기분이 좋을때** 저는 음악을 들어요.

기분이 좋다 - 와인을 마시다

심심하다- 골프를 치다

기분이 안좋다- 친구하고 이야기하다

아프다 - 닭고기 스프를 먹다

일을 끝내다- 술 한잔 하다

시험이 있다 - 도서관에서 공부를 열심히 하다

바쁘지 않다 - 책을 쓰다

피터하고 같이 만나다 - 친구를 소개하다

수업이 시작하다 - 민호씨하고 이야기하다

대화2

방학때 미국에 여행 갈 거예요.

방학
휴가
졸업식
결혼식
생일
회식
점심
저녁

Lesson 14 - 저는 일년동안 한국어를 공부했어요.

I studied Korean for one year.

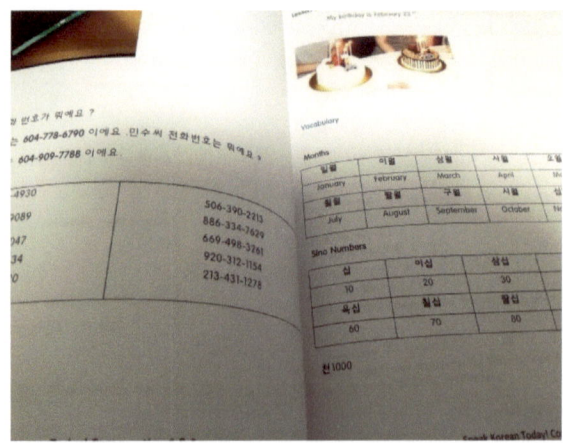

Vocabulary

하루종일	all day long
하루	one day
이틀	two days
삼일	three days
동안	for
일주일	one week
한달	one month
일년	one year
한시간	one hour
기다리다	to wait

Lesson 14 - 저는 일년동안 한국어를 공부했어요.

I studied Korean for one year.

Grammar

'~동안' is 'for (how long)'.

하루종일 means 'all day long' so you don't attach '~동안'

You can use Sino Korean numbers for days and years when you are saying '~동안' However, for a month, Native Korean is used.

삼일 동안	for 3 days
세달 동안	for 3 months
삼년 동안	for 3 years

하루 is another word to say '1day'.	**하루**동안
이틀 is another word to say '2 days'.	**이틀**동안
일주일 means 'one week'.	**일주일**동안

1 month

1 year

1 hour

30 min.

1 day

Lesson 14 - 저는 일년동안 한국어를 공부했어요.

I studied Korean for one year.

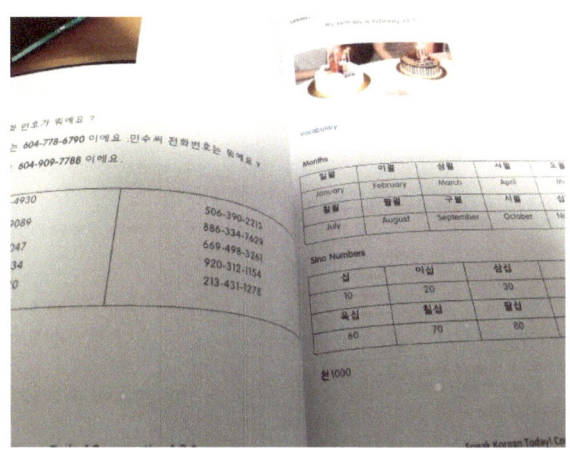

Dialogue

민호: 피터씨가 얼마동안 공부를 했어요?

제니: **하루종일** 공부를 했어요.

하루종일	한시간동안	세시간동안	일곱시간동안
이틀(이일) 동안	오일 동안	이십일 동안	육개월 동안
구개월동안	일년 동안		

for 8 days	for 2 hrs	for 30 min.	for 5 months	for 4 years
for 7 hrs	all day long	for 5 years	for 10 days	for 6months

Lesson 15 - 곤돌라로 가요.

You can go by gondola.

Vocabulary

어떻게	How
타다	to ride
갈아타다	to change (the ride)
내리다	to get off
걸어가다	to walk
걸리다	to take (time)
곤돌라	gondola
역	station

교통

택시	버스	비행기	배
taxi	bus	airplane	ship
오토바이	**자전거**	**고속버스**	**자동차 (차)**
motorcycle	bicycle	express bus	car

Lesson 15- 곤돌라로 가요 .

You can go by gondola.

Grammar

(place) 에 어떻게 가요?	How do I get to (place)?
강남역 **에 어떻게 가요?**	How do I get to Gangnam Station?
~ 을/ 를 타요	ride a (ride)
버스**를 타세요**.	Please ride a bus./ you can ride a bus.
자전거**를 타세요.**	Please ride a bicycle./ you can ride a bicycle.
~ 로/으로 가요	go by (ride)
버스**로 가세요**.	Please go by bus./ you can go by bus.
자전거**로 가세요.**	Please go by bicycle./ you can go by bicycle.
~로/ 으로 갈아타요	change your ride to (ride)

버스로 갈아타세요.	Please change the ride to a bus. / You can change to bus.
자전거로 갈아타세요.	Please change the ride to a bicycle. / You can change to the bicycle.

~에서 내려요.   Get off from (ride)

버스에서 내리세요.	Please get from the bus.
자전거에서 내리세요.	Please get off from the bicycle.

(place) 에서내려요.   Get off at (place)

버스 정류장에서 내리세요.	Please get off at the bus stop.
강남역에서 내리세요.	Please get off at gamgnam station.

(time) 정도 걸려요/ (time) 쯤 걸려요

30분 **정도 걸려요**/ 30분 **쯤 걸려요**   It takes about 30 min.

~에서 ~ 까지   (**from** location **to** location)

서울**에서** 부산 **까지** 차로 한시간 걸려요.

Lesson 15 - 곤돌라로 가요.

You can go by gondola.

Dialogue

대화 1

강남역 에 어떻게 가요?

강남역에서 내리세요.

강남역	서울역	부산역	남산	이태원
Gangnam station	Seoul station	Pusan station	Namsan station	Itaewon
학교앞	인사동	홍대 입구	도서관 앞	삼성역
In front of school	Insadong	Hongdae University entrance	In front of library	Samsung station

대화 2

버스를 타세요.

버스로 가세요.

버스로 갈아타세요.

버스에서 내리세요.

교통

택시	버스	비행기	배
오토바이	자전거	고속버스	자동차 (차)

대화 3

민호: 얼마나 걸려요?

시원: **30분** 정도걸려요/ **30분** 쯤걸려요

20 분	1시간 45분	2시간	3일	6일
4달	1년	8년	5시간	15 분

대화 4

서울에서 **부산**까지 얼마나 걸려요?

서울에서 **부산** 까지 **차로 한**시간 걸려요.

From New York to Seattle – airplane – 5hours

From Seattle to Vancouver – car – 3 hrs

From here to downtown – bus – 30min.

From Samsung station to Gangnam station – subway -15 min.

From Vancouver to Vancouver Island – ship – 1 hr 30 min.

From Miami to St. Thomas – ship – 3 days

Lesson 16 -   길을 건너세요. 그리고 쭉 가세요.
Cross the street. Then go straight.

Vocabulary

길	street
건너다	to cross
지나다	to pass
어떻게	how
오른쪽	right
왼쪽	left
이쪽	this side/ this way
저쪽	that side/ that way
앞	front
쭉	straight
으로	to
여기에서	from here

Lesson 16 Grammar -   길을 건너세요. 그리고 쭉 가세요.
Cross the street. Then go straight.

문법을 공부해요

Grammar

~ 세요/ 으세요   (polite request / suggestion - Please ~)

V + 세요	마시/다	→	마시세요
C + 으세요.	읽/다	→	읽으세요
ㄹ take out ㄹ + attach 세요	놀/다	→	노세요

듣다 → 들으세요

가/다   →   가세요
건너/다   →   건너세요
입/다   →   입으세요
살/다   →   사세요
공부하/다 →   공부하세요

Speak Korean Today! Conversation 3 & 4

Lesson 16 - 길을 건너세요. 그리고 쭉 가세요.
Cross the street. Then go straight.

Dialogue

대화 1

수지: 백화점에 어떻게 가요?

제니: 여기에서 **오른쪽**으로 가세요.

오른쪽　　　　왼쪽　　　　이쪽　　　　저쪽　　　　앞쪽
뒤쪽

대화 2

수지: 백화점에 어떻게 가요?

제니: 여기에서 **길을 건너세요**. 그리고 **쭉 가세요.** 백화점이 왼쪽에 있어요.

길을 건너다/ 쭉 가다
횡단 보도를 건너다/ 오른쪽으로 가다
쭉 가다/ 신호등을 지나다

가게를 지나다/ 왼쪽으로 가다
쭉 가다/ 신호등 두 개를 지나다
쭉 가다/ 은행을 지나다

Lesson 17-   사거리에서 오른쪽으로 가세요. 은행 건너편에 있어요.

Turn right at the intersection. It's across the bank.

Vocabulary

계단	stairs
사거리	four way, intersection
삼거리	three way
버스 정류장	bus station
지하철역	subway station
신호등	traffic light
횡단보도	cross walk
출구	exit (way/door)
문	door

건너다 to cross
나가다/ 나오다 to go out/ to come out
올라가다/ 내려가다 to go up/ to go down

Lesson 17 - 사거리에서 오른쪽으로 가세요. 은행 건너편에 있어요.

Turn right at the intersection. It's across the bank.

Grammar

(으)로 가다/ 오다　　　　　　　　　　to go/come to~

을/ 를 건너다　　　　　　　　　　　　to cross ~
(으)로 나가다 / (으)로 나오다　　　　to go out to / come out to ~
(으)로 올라가다/ 내려가다　　　　　　to go up/ to go down

저쪽으로 가세요.
이쪽으로 오세요.
길을 건너요.
밖으로 나가요.
이쪽으로 나오세요.
저쪽으로 올라가세요.
이쪽으로 내려가세요.

Lesson 17- 사거리에서 오른쪽으로 가세요. 은행 건너편에 있어요.

Turn right at the intersection. It's across the bank.

Dialogue

동사

(으)로 가다/ 오다	오른쪽/ 왼쪽 / 건너편/ 이쪽/ 저쪽 / 그쪽
을/ 를 건너다	길 / 횡단보도
(으)로 나가다 / (으)로 나오다	출구/ 문
(으)로 올라가다/ 내려가다	계단/ 위/ 아래

지도를 보고 장소를 찾으세요.

커피숍이 어디에 있어요?

커피숍에 어떻게 가요?

장소

학교	우체국	은행	식당	서점	병원
극장	공원	도서관	편의점		

e.g) 사거리에서 오른쪽으로 가세요. 은행 건너편에 있어요.

*청담동으로 가세요 / 가 주세요. 청담동에 가요.

*여기/ 저기 에서 세워주세요.

Lesson 18 - 공원에서 빨리 뛰었어요.

I ran fast at the park.

Vocabulary

빨리	fast
천천히	slowly
많이	lots
조금	little
늦게	late
다시	again
아직	not yet
뛰다	to run
걷다	to walk
떠나다	to leave
도착하다	to arrive

결혼하다	to get married
졸업하다	to graduate from school
이사하다	to move

Lesson 18 - 공원에서 빨리 뛰었어요.

I ran fast at the park.

Grammar

형용사 + 동사

These adverbs can be placed prior to the verb.

빨리 가요.
천천히 먹어요.
많이 좋아해요.
조금 일해요.

일찍
늦게
다시
아직

Lesson 18 - 공원에서 빨리 뛰었어요.

I ran fast at the park.

Dialogue

대화1

수지: 어떻게 **뛰었어요**?

제니: **빨리 뛰었어요.**

빨리 뛰다
천천히 걷다
많이 먹다
조금 공부하다
빨리 떠나다
늦게 도착하다

대화2

수지: 다시 **노래 할 거예요**?

제니: 네, 다시 **노래 할 거예요**.

노래하다
시작하다
요리하다
공부하다
중국 음식 만들다
뛰다

대화3

수지: **서류가 도착했어요**?

제니: 아니요, **아직 도착 안 했어요**.

일을 끝내다
김치찌개를 만들다
집에서 떠나다
결혼하다
졸업하다
이사하다

Lesson 19 - 민호씨는 정말 귀엽게 춤을 춰요.
Min-ho dances really cutely.

Vocabulary

크게	loudly
작게	little, softly
많이	lots
조금	little
빨리	fast
천천히	slowly
좋게	well, in a good way
나쁘게	in a bad way
깨끗하게	in a clean way
친절하게	kindly
귀엽게	cutely
예쁘게	in a pretty manner
멋있게	in a stylish or cool way
섹시하게	in a sexy way

바쁘게	in a busy way
조용히	quietly
열심히	hard, deligently

Lesson 19 - 민호씨는 정말 귀엽게 춤을 춰요.
Min-ho dances really cutely.

Grammar

Adverbs

Adjective-verb stem + 게
~ 히

크게	작게	많이	조금
빨리	천천히		
좋게	나쁘게	깨끗하게	친절하게
귀엽게	예쁘게	멋있게	
섹시하게	바쁘게		
조용히	열심히		

Lesson 19 - 민호씨는 정말 귀엽게 춤을 춰요.
Min-ho dances really cutely.

Dialogue

시원: 수지씨가 어떻게 **웃어요**?

민호: 수지씨는 **정말 예쁘게 웃어요**.

정말 **예쁘게** 웃다

매일 **깨끗하게** 방을 청소하다

보통 밥을 **천천히** 먹다

옷을 **멋있게** 입다

정말 **귀엽게** 춤을 추다

친절하게 말하다

매일 **열심히** 일하다

좋게 이야기하다

보통 **크게** 말하다

밥을 **많이** 먹다

가끔 **나쁘게** 이야기 하다

바쁘게 일하다

일을 **빨리** 하다

섹시하게 춤을 추다
조용히 말하다
밥을 **조금** 먹다

Lesson 20 - 수지씨한테 선물을 주려고 해요.
I'm planning to go to the concert with Suzy.

Vocabulary

생일	birthday
선물	gift
꽃	flower
향수	perfume
목걸이	Necklace
핸드백	Purse
생일 케이크	birthday cake
혹시	by any chance
주다	to give
사다	to buy
물어보다	to ask
만들다	to Make
바꾸다	to change, exchange, switch

Lesson 20 - 수지씨한테 선물을 주려고 해요.
I'm planning to go to the concert with Suzy.

Grammar

~ 려고 해요   I plan to ~/ I am planning to ~

V + 려고 해요	가 / 다 가려고 해요
C + 으려고 해요	먹 / 다 먹으려고 해요 .
(except ㄹ)	
ㄹ consonant + 려고 해요	놀 / 다 놀려고 해요
듣다 / 걷다 →	들으려고 해요 / 걸으려고 해요

주다	→	주려고 해요
사다	→	사려고 해요
물어보다	→	물어보려고 해요
만들다	→	만들려고 해요
바꾸다	→	바꾸려고 해요

Lesson 20 - 수지씨한테 선물을 주려고 해요.
I'm planning to give a gift to Suzy.

Dialogue

민호: 내일이 수지씨 생일이에요.

그래서, **수지씨한테 선물을 주려고해요.**

혹시 수지씨 뭐 좋아해요? 향수를 줄까요?

제니: 꽃을 주세요. 수지씨 꽃 좋아해요.

민호: 아, 그래요?

수지씨한테 옷을 주다

백화점에서 선물을 사다

제니씨한테 물어보다

생일 케이크를 만들다

핸드백을 보다

Lesson 21 -시간이 없어서 파티에 안 갔어요.
I didn't have time so I didn't go to the party.

Vocabulary

시험	test, exam
걱정	worry
걱정하다	to worry
회의	meeting
친구를 사귀다	make friends

Lesson 21 -시간이 없어서 파티에 안 갔어요.

I didn't have time so I didn't go to the party.

Grammar

~어서

'~어서' is used to connect two sentences.
When you connect two sentences with "~어서', the first sentence states the reason for the second sentence.
'~어서' means 'therefore or so'.

시간이 없**어서** 파티에 못 갔어요.
약속이 있**어서** 제니씨를 안 만났어요.

Verbs & Adjectives	ㅏ, ㅗ	~아서
	Other vowels	~어서
	하다	해서
Nouns	Vowel	~이어서
	Consonant	~어서

Lesson 21 -시간이 없어서 파티에 안 갔어요.

I didn't have time so I didn't go to the party.

Dialogue

대화 1

수지: 왜 **저녁을 안 먹었어요?**

제니: **기분이 안 좋아서 저녁을 안 먹었어요.**

일이 너무 많다 - 내일 민호를 안 만나다
아프다 - 회의에 안 오다
내일 시험이 있다 - 걱정을 하다
운동을 싫어하다 - 운동을 안 하다
한국 사람이 좋다 - 한국 친구를 사귀다
시간이 없다 - 한국 드라마를 안 보다

대화 2

왜 제 생일에 안 왔어요?

왜 파티에 안 가요?

왜 어제 전화를 안 했어요?

왜 수업에 안 갔어요?

왜 구두를 안 샀어요?

오늘 왜 피곤해요?

어제 왜 잠을 못 잤어요?

왜 그 차를 샀어요?

Lesson 22 - 지금 회의에 가야 해요.

I have to go to the meeting now.

Vocabulary

회의	Meeting
한테	to (someone)
일을 하다	to work
일을 끝내다	to finish work
이야기 하다	to talk
전화를 걸다	to make a phone call
전화를 받다	to answer a phone call

Lesson 22 - 지금 회의에 가야 해요.

I have to go to the meeting now.

Grammar

~ 야 해요. I have to ~

V + 야 해요　　　가/다　→　가야 해요
C + 어야 해요　　입/다　→　입어야 해요

일을 하다　　→　　일을 해야해요.
일을 끝내다
이야기 하다
전화를 걸다
전화를 받다

Lesson 22 -지금 회의에 가야 해요.

I have to go to the meeting now.

Dialogue

민호: 혹시 지금 시간이 있어요?

제니: 미안해요. **지금 회의에 가야 해요.**

화요일까지이 일을 끝내다

지금 일을 하다

제니씨하고 이야기 하다

수지씨한테 전화하다

지금 전화를 받다

Lesson 23 - 오늘 푹 쉬세요.

Please rest well today.

Vocabulary

Body Parts

머리	얼굴	눈	코	입
head	face	eyes	nose	mouth
귀	이 (이빨)	입술	목	어깨
ear	teeth	lips	neck	shoulder
등	허리	팔	손	손가락
back	waist	arm	hand	fingers

아프다	to be sick, be in pain, hurt
쉬다	to rest
드세요	Please eat. (honorific form)
주무세요	Please sleep. (honorific form)
약	medicine
두통약	headache medicine
치과	dentist

Speak Korean Today! Conversation 3 & 4

일찍	early
푹	deeply, lots
많이	lots, a lot

Lesson 23 - 오늘 푹 쉬세요.

Please rest well today.

Grammar

Body Parts

머리	얼굴	눈	코	입
head	face	eyes	nose	mouth
귀	이 (이빨)	입술	목	어깨
ear	teeth	lips	neck	shoulder
등	허리	팔	손	손가락
back	waist	arm	hand	fingers
엉덩이	다리	무릎	발	발가락
hips	legs	knees	feet	toes

~ 이 (가) 아파요.

Honorific form

드세요　　Please eat.
주무세요　　Please sleep.

증상

머리 아프다	I have headache.	두통이 있다	I have headache.
토를 하다	I throw up.	열이 나다	I have fever.
어지럽다	I am dizzy.	힘이 없다	I don't have energy.
콧물이 나다	I have runny nose.	재채기를 하다	I sneeze.
기침을 하다	I cough.	감기에 걸리다	I have cold.

치료방법

수프를 드세요	Please eat soup.	약을 드세요	Please have a medicine.
푹 쉬세요	Please rest well.	많이 주무세요	Please sleep lots.
잘 드세요	Please eat well.	의사를 보세요	Please see a doctor.
병원에 가세요	Please go to the hospital.	치과에 가세요	Please go to the dentist.
두통약을 드세요	Please eat headache medicine.		

Lesson 23 - 오늘 푹 쉬세요 .

Please rest well today.

Dialogue

대화1

의사: 어디가 아프세요?

환자: **머리가 아파요.**

의사: **두통약을 드세요.**

증상

머리 아프다	두통이 있다
토를 하다	열이 나다
어지럽다	힘이 없다
콧물이 나다	재채기를 하다
기침을 하다	감기에 걸리다

치료방법

수프를 드세요	약을 드세요

푹 쉬세요	많이 주무세요
잘 드세요	의사를 보세요
병원에 가세요	치과에 가세요
두통약을 드세요	

Lesson 24 - 이 순두부 찌개는 별로 맵지 않아요.

This Soft tofu soup is not very spicy.

Vocabulary

찌개	stew
국	soup
밥	rice, meal
반찬	side dishes
배고프다	to be hungry
배부르다	to be full
맛있다	to be delicious
맛없다	not to be delicious
맵다	to be spicy
짜다	to be salty
싱겁다	to be blend
달다	to be sweet
시다	to be sour

쓰다	to be bitter
별로	not really, not very

Lesson 24 - 이 순두부 찌개는 별로 맵지 않아요.

This Soft tofu soup is not very spicy.

Grammar

~ 지 않아요. - Not ~

V (or adjective verb) + 지 않아요

배고프다	→	배고프지 않아요
배불러요	→	배부르지 않아요.

맛있어요

맛없어요

매워요

짜요

싱거워요

달아요

셔요

써요

Lesson 24 - 이 순두부 찌개는 별로 맵지 않아요.

This Soft tofu soup is not very spicy.

Dialogue

민호: (food just came out)

　　와, 배고파요. 빨리 먹어요.

시원: 네.

　　(looking at Minho's soup)

　　와, **순두부찌개 매워요**. **매운** 음식 먹을 수 있어요?

민호: 네, **매운** 음식 좋아해요.

　　(tasting the Soft tofu soup)

　　이 순두부 찌개는 별로 **맵지 않아요**.

시원: 그래요?

민호: 시원씨, 떡만두국은 어때요?

시원: 조금 **짜요**.

된장찌개　　　　**짜다**　　　　떡만두국　　　　**싱겁다**

Speak Korean Today! Conversation 3 & 4

| 탕수육 | **달다** | 비빔국수 | **시다** |
| 김치찌개 | **맵다** | 삼계탕 | **쓰다** |

Lesson 25 - 산낙지를 먹어 봤어요 ?
Have you tried live octopus before?

Vocabulary

산낙지	live octopus
한번	once, one time
경험	experience
유명한	famous
연예인	celebrity
배낭여행	backpack travel (backpacking)
한복	Korean traditional clothes
돈	money
빌리다	to borrow
지갑	wallet
잃어버리다	to lose (items)
혼자	alone

Lesson 25 - 산낙지를 먹어 봤어요?
Have you tried live octopus before?

Grammar

~봤어요   I have (done) it before.

Vowel ㅏ or ㅗ + 아 봤어요	만나다	→ 만나봤어요
Other vowels + 어 봤어요	한복을 입다	→ 입어 봤어요
하다 → 해 봤어요	아르바이트를 하다	→ 해 봤어요
'ㅣ' Vowel → take out ㅣ + ㅕ 봤어요	친구한테 돈을 빌리다	→ 빌려 봤어요

지갑을 잃어버리다   →   지갑을 잃어버려 봤어요?
스노우보드를 타다
김치를 먹다
혼자 여행하다
K-Pop 콘서트에 가다

Lesson 25 - 산낙지를 먹어 봤어요 ?

Have you tried live octopus before?

Dialogue

민호: **산낙지를 먹어 봤어요**?

수지: 아니요. 안 **먹어 봤어요**. 민호씨는요?

민호: 저는 **먹어봤어요**.

유명한 연예인을 만나다

아르바이트를 하다

유럽에 배낭여행하다

한복을 입다

친구한테서 돈을 빌리다

지갑을 잃어버리다

스노우보드를 타다

김치를 먹다

혼자 여행하다

K-Pop 콘서트에 가다

Lesson 26 - 어머니께서 집에 계세요.

Mother is at home.

Vocabulary

Honorific Forms

	Polite form	Honorific form
있다	있어요	계세요
없다	없어요	안계세요
먹다	먹어요	드세요/잡수세요
마시다	마셔요	드세요
자다	자요	주무세요
말하다	말해요	말씀하세요
이/가	이/가	께서

Lesson 26 - 어머니께서 집에 계세요.

Mother is at home.

Grammar

께서

께서 is an honorific form for the subject marker 이/ 가.

할아버지께서 방에서 주무세요.

세요/ 으세요 (to show respect/courtesy to the other speaker or third person)

V + 세요

C + 으세요.

ㅂ take out ㅂ and attach 우세요. (Adjective-verbs)

멋있다　　　→　　　멋있으세요.

예쁘다

귀엽다

밥을 먹다

잠을 자다
춤을 추다
노래를 하다
커피를 마시다
우체국에 있다
낚시를 하다

있으세요 vs 계세요

We use '계세요' when we talk about third person's physical location with courtesy.

아버지께서 집에 **계세요.**

We use '있으세요' when we talk about third person's worry, thoughts, plans, time, etc.

아버지께서 **약속이 있으세요.**
아버지께서 **걱정이 많으세요.**
아버지께서 **시간이 있으세요.**

When you are talking about the object of the third person, you say 있어요.
'아버지 가방' is an object. Since the subject of the sentence is '아버지 가방', not '아버지', we don't use the honorific form for the object.

아버지 가방이 여기에 있어요. (o)
아버지 가방이 여기에 있으세요. (x)
아버지 가방이 여기에 계세요 (x)

We use honorific form when we talk about third person's body parts since the body part is the part of the person.

아버지 손이 아주 크세요.
아버지 가방이 커요. → 아버지 가방 is an object. So use 커요

Lesson 26 - 어머니께서 집에 계세요.

Mother is at home.

Dialogue

대화1

민호: 어머니께서 지금 뭐 하세요?

수지: **집에 계세요.**

집에 있다
방에서 잠을 자다
친구하고 점심식사 하다
한국 식당에서 저녁을 먹다
동생한테 말하다
부엌에서 차를 마시다
백화점에 있다

대화2

민호: 어머니께서 **주말에 바쁘세요?**
수지: 네, **주말에 바쁘세요.**

주말에 바쁘다
시간이 없다
약속이 있다
걱정이 있다
가게에 있다
공원에 있다
한국어 수업이 있다
일하다

대화3

민수: **오늘 영화를 보세요?**
수지: 네, **영화를 봐요.**

한국음식을 좋아하다
주말에 등산하다
자주 중국 요리를 하다
가끔 스키를 타다
한국 드라마를 보다
매일 운동하다
보통 노래방에서 노래를 하다

Lesson 27 - 아주 멋있으세요.
You are very cool.

Vocabulary

참	very
아주	very
섹시하다	sexy
멋있다	cool, stylish
예쁘다	pretty
어려 보이다	look young
귀엽다	cute

Lesson 27 Grammar - 아주 멋있으세요.

You are very cool.

Grammar

세요/ 으세요 (to show respect/courtesy to the other speaker or third person)

V + 세요

C + 으세요.

ㅂ take out ㅂ and attach 우세요. (Adjective-verbs)

섹시하/다 → 섹시하세요

멋있/다

예쁘/다

어려보이/다

귀엽/다

Lesson 27 - 아주 멋있으세요.
You are very cool.

Dialogues

대화 1

민호: 참 **섹시하세요.**
수지: 하하, 감사합니다.
     민호씨도 **섹시하세요.**

섹시하다
멋있다
예쁘다
어려보이다
귀엽다

대화 2

민호: 어머니께서 지금 뭐 하세요?

시원: 어머니께서는 지금 **요리를 하세요.**

요리하다	청소를 하다	빨래를 하다	일을 하다
신문을 읽다	점심을 먹다	방에서 자다	드라마를 보다

대화 3

시원: **편지를 쓰세요?**

수지: 네, **편지를 써요.**

편지를 쓰다	한국어를 공부하다	파티를 준비하다
사진을 찍다	운동을 하다	선물을 사다
산책하다	피아노를 치다	

Lesson 28 - 어머니께서 집에서 한국 요리를 하셨어요.
She cooked Korean food at home.

Vocabulary

Honorific Forms	Polite form	Honorific form
있다	있어요	계세요
없다	없어요	안계세요
먹다	먹어요	드세요/잡수세요
마시다	마셔요	드세요
자다	자요	주무세요
말하다	말해요	말씀하세요
이/ 가	이/ 가	께서

Lesson 28 - 어머니께서 집에서 한국 요리를 하셨어요.

She cooked Korean food at home.

문법을 공부해요

Grammar

Past Tense Honorific Form

~ 셨어요/ 으셨어요

Vowel +셨어요
Consonant +으셨어요

멋있다 →   멋있으셨어요.
예쁘다
귀엽다
밥을 먹다
잠을 자다
춤을 추다
노래를 하다
커피를 마시다
우체국에 있다
낚시를 하다

Lesson 28 - 어머니께서 집에서 한국 요리를 하셨어요.
She cooked Korean food at home.

Dialogue

대화 1

수지: 어제 어머니께서 뭐 하셨어요?
민호: **집에서 한국 요리를 하셨어요.**

집에서 한국요리를 하다
아버지하고 영화를 보다
동생하고 공원에서 산책을 하다
언니 생일파티를 준비하다
테니스를 배우다
찜질방에 가다

대화 2

수지: 어제 **민호씨하고 전화하셨어요?**
시원: 네, **민호씨하고 전화했어요.**

민호씨하고 전화하다
민호씨하고 술 한잔 하다
빅뱅 콘서트에 가다
새집으로 이사를 하다
민호씨를 도와주다
민호씨한테 부탁하다
민호씨한테 서류를 갖다주다

Lesson 29 - 이빨을 닦고 세수를 해요.
I brush my teeth and then wash my face.

Vocabulary

이빨을 닦다/ 세수를 하다	to brush teeth/ to wash face
손을 씻다/ 밥을 먹다	to wash hands/ to have a meal
샤워를 하다/ 화장을 하다	to take a shower/ to wear a make-up
청소를 하다/ 빨래를 하다	to clean/ to do laundry
문을 닫다/ 공부를 하다	to close the door/ to study
전화를 걸다/ 주문을 하다	to make a phone call/ to place an order
주문을 받다/ 배달을 하다	to receive an order/ to make a delivery
물건을 고르다/ 주문을 하다	to choose a product/ to place an order

Lesson 29 - 이빨을 닦고 세수를 해요.

I brush my teeth and then wash my face.

Grammar

~고

When you use '~고', you are combining two sentences and indicating the order of your activities.

First part of your combined sentence is the activity you do first, and then the 2nd part of the combined sentence is 2nd activity you do after the first activity.

When you conjugate, just take out 다 from the verb and attach고.

이빨을 닦다/ 세수를 하다

이빨을 닦고 세수를 해요.

You are brushing the teeth first and then washing face after.

이빨을 닦다/ 세수를 하다 → 이빨을 닦고 세수를 해요.
손을 씻다/ 밥을 먹다
샤워를 하다/ 화장을 하다
청소를 하다/ 빨래를 하다
문을 닫다/ 공부를 하다

전화를 걸다/ 주문을 하다
주문을 받다/ 배달을 하다
물건을 고르다/ 주문을 하다

Lesson 29 - 이빨을 닦고 세수를 해요.

I brush my teeth and then wash my face.

Dialogue

민호: **저는 이빨을 닦고 세수를 해요.**

이빨을 닦다/ 세수를 하다 → 이빨을 닦고 세수를 해요.

손을 씻다/ 밥을 먹다

샤워를 하다/ 화장을 하다

청소를 하다/ 빨래를 하다

문을 닫다/ 공부를 하다

전화를 걸다/ 주문을 하다

주문을 받다/ 배달을 하다

물건을 고르다/ 주문을 하다

Lesson 30 - 만나서 이야기해요.

Let's meet first then talk.

Vocabulary

일찍 일어나다/ 아침을 만들다	to wake up early/ to make breakfast
일에 가다/ 수진씨를 만나다	to go to work/ to meet Sujin
가게에 가다/ 우산을 사다	to go to the store/ to buy umbrella
한국어를 배우다/ 한국 친구를 사귀다	to learn Korean / to make Korean friends
공원에 가다/ 뛰다	to go to the park/ to run
시애틀에 가다/ 비행기로 갈아타다	to go to Seattle/ to ride airplane
제니를 만나다/ 부탁하다	to meet Jenny/ to ask for a favor
한국에 가다/ 한국어 공부를 하다	to go to Korea/ to study Korean
전화를 걸다/ 물어보다	to make a phone call/ to ask

Lesson 30 - 만나서 이야기해요.

Let's meet first then talk.

Grammar

~ 서

You combine two sentences with ~ 서 and indicate the order of activities.

However, this is different from ~ 고.

~고 indicates only the time of the activities happened.
(simply the order of the activities that happened.)

집에 가고 요리를 했어요.
(You went home and then cooked. - We are not sure if the speaker cooked at home or somewhere else.
We just know he did two activities in this order.)

When you use **~서**, you can express the order of the activities that happened.
However, by using ~ 서,
the first activity has effect on the second activity.

집에 가서 요리를 했어요.

(You went home and then cooked. - We know for sure that the speaker cooked at home.)

Therefore, when you use ~서, first sentence is has an effect on the second sentence and they are related to each other.

C + 어서	먹/다 →	먹어서
V + 아서	가/다 →	가서
하다 --> 해서	공부하다 →	공부해서
ㅣ --> take out ㅣ + ㅕ 서	가르치다 →	가르쳐서
ㅡ take out ㅡ + ㅓ 서	쓰다 →	써서

일찍 일어나다/ 아침을 만들다   →   일찍 일어나서 아침을 만들었어요.

일에 가다/ 수진씨를 만나다

가게에 가다/ 우산을 사다

한국어를 배우다/ 한국 친구를 사귀다

공원에 가다/ 뛰다

시애틀에 가다/ 비행기로 갈아타다

제니를 만나다/ 부탁하다

한국에 가다/ 한국어 공부를 하다

전화를 걸다/ 물어보다

Lesson 30 - 만나서 이야기해요.

Let's meet first then talk.

Dialogue

민호: 뭐 할 거예요?

수지: **제니씨 만나서 이야기할 거예요.**

제니씨를 만나다/ 이야기 하다

일찍 일어나다/ 아침을 만들다

일에 가다/ 수진씨를 만나다

가게에 가다/ 우산을 사다

한국어를 배우다/ 한국 친구를 사귀다

공원에 가다/ 뛰다

시애틀에 가다/ 비행기로 갈아타다

제니를 만나다/ 부탁하다

한국에 가다/ 한국어 공부를 하다

전화를 걸다/ 물어보다

Lesson 31 -제 새해 계획은 다이어트하기예요.
My new year's resolution is to go on a diet.

Vocabulary

새해	New Year
계획	plan
취미	hobby
다이어트하다	to diet, go on a diet
계획을 하다	to make a plan
일찍 일어나다	to wake up early
약속을 지키다	to keep a promise
매일 공원에서 걷다	to walk in the park every day
살을 빼다	to lose weight
음식을 건강하게 먹다	to eat healthy food
한국 친구를 사귀다	to make Korean friend
다른 언어를 배우다	to learn different language
외국 여행하다	to go abroad
등산하다	to go hiking
낚시하다	to fish

여행하다	to travel
맛있는 음식 먹다	to eat delicious food
요가 하다	to do yoga
요트 타기공연 보다	to ride yacht

Lesson 31 - 제 새해 계획은 다이어트하기예요.

My new year's resolution is to go on a diet.

Grammar

~ 기

When you attach ~ 기 to the stem of the verb, it makes the verb as a noun form.

숙제하/다　　→　숙제하기　　　　　doing homework

숙제하기 싫어요.

다이어트하/다　→　다이어트하기　　going on a diet

제 새해 계획은 **다이어트하기** 예요.

일찍 일어나다　　　→　　일찍 일어나기

약속을 지키다

매일 공원에서 걷다

살을 빼다

음식을 건강하게 먹다

한국 친구를 사귀다

다른 언어를 배우다
외국 여행하다
등산하다
낚시하다
여행하다
맛있는 음식 먹다
요가 하다
요트 타다
공연 보다

Lesson 31 -제 새해 계획은 다이어트하기예요.

My new year's resolution is to go on a diet.

Dialogue

대화 1

민호: 새해 계획이 뭐예요?

수지: 제 새해 계획은 **일찍 일어나기**예요.

다이어트하다
계획을 하다
일찍 일어나다
약속을 지키다
매일 공원에서 걷다
살을 빼다
음식을 건강하게 먹다
한국 친구를 사귀다

대화 2

민호: 취미가 뭐예요?

수지: 제 취미는 **다른 (나라) 언어를 배우기**예요.

다른 언어를 배우다
외국 여행하다
등산하다
낚시하다
여행하다
맛있는 음식 먹다
요가 하다
요트 타기 공연 보다

Lesson 32 - 제니씨가 일찍 일어나기 전에 아침을 만들까요?

Should we make breakfast before Jenny wakes up early?

Vocabulary

일찍 일어나다/ 아침을 만들다	to wake up early/ to make breakfast
약속 지키다/ 생각을 잘 하다	to keep a promise/ to think carefully
매일 공원에서 걷다/ 스트레칭하다	to walk at the park everyday/ to do stretching
살을 빼다/ 목표를 세우다	to lose weight/ to make(establish) a goal
다이어트하다/ 음식을 건강하게 먹다	to diet/ to eat food in healthy way
한국에 가다/ 한국 친구를 만들다	to go to Korea/ to make Korean friends
다른 나라로 여행하다/ 다른 언어를 배우다	to travel to other country/ to receive visa
외국에 여행하다/ 비자를 받다	to travel abroad/ receive visa
등산하다	to go hiking
낚시하다	to fish
여행하다	to travel

맛있는 음식을 먹다 — to eat delicious food
요가하다 — to do yoga
요트를 사다 — to buy a yacht
공연을 보다 (관람하다) — to watch a performance

Lesson 32 - 제니씨가 일찍 일어나기 전에 아침을 만들까요?

Should we make breakfast before Jenny wakes up early?

Grammar

~전에 means '~before'.

Noun + 전에 결혼 전에　　　　　　　before the wedding

Verb + 전에 결혼하다 + 전에 →　Change the verb to ~기, then attach 전에

결혼하기 전에　　　　　　　　　　before getting married

제니 일찍 일어나다/ 아침을 만들다 → 제니가 일찍 **일어나기 전에** 아침을 만들까요?

약속 지키다/ 생각을 잘 하다

매일 공원에서 걷다/ 스트레칭하다

살을 빼다/ 목표를 세우다

다이어트하다/ 음식을 건강하게 먹다

한국에 가다/ 한국 친구를 만들다

다른 나라로 여행하다/ 다른 언어를 배우다

외국에 여행하다/ 비자를 받다

등산하다

낚시하다

여행하다

맛있는 음식을 먹다

요가하다

요트를 사다

공연을 보다 (관람하다)

Lesson 32 - 제니씨가 일찍 일어나기 전에 아침을 만들까요?

Should we make breakfast before Jenny wakes up early?

Dialogue

대화 1

시원: **제니씨가 일찍 일어나기 전에 아침을 만들까요?**

수지: 그래요. **우리 빨리 만들어요.**

제니 일찍 일어나다/ 아침을 만들다
약속 지키다/ 생각을 잘 하다
매일 공원에서 걷다/ 스트레칭하다
살을 빼다/ 목표를 세우다
다이어트하다/ 음식을 건강하게 먹다
한국에 가다/ 한국 친구를 만들다
다른 나라로 여행하다/ 다른 언어를 배우다
외국에 여행하다/ 비자를 받다

대화 2

민수: **등산하기** 전에 뭐 할까요?

시원: **베낭을 준비해요.**

등산하다
낚시하다
여행하다
음식을 먹다
요가하다
요트를 사다
공연을 보다 (관람하다)

Lesson 33 - 백화점은 낮지만 건물은 높아요.

Department store is low but the building is high.

Vocabulary

맛없다/ 맛있다	to be not delicious/ to be delicious
무겁다/ 가볍다	to be heavy/ to be light
못생겼다/ 잘생겼다	to be ugly/ to be handsome
싸다/ 비싸다	to be cheap/ to be expensive
더럽다/깨끗하다	to be dirty/ to be clean
낮다/ 높다	to be low/ to be high
어렵다/ 쉽다	to be difficult/ to be easy
느리다/ 빠르다	to be slow/ to be fast
좁다/ 넓다	to be narrow/ to be wide
얇다/ 두껍다	to be thin/ to be thick

멀다/ 가깝다 to be far/ to be close
의 's

Lesson 33 -백화점은 낮지만 이 건물은 높아요.

Department store is low but the building is high.

Grammar

~지만 is used when you combine the two sentences together and want to express 'but'.

~지만 is used to express contrast between two sentences.

Verb stem + ~지만

낮다/ 높다

백화점은 낮아요. 하지만, 이 건물은 높아요.

백화점은 낮**지만** 이 건물은 높아요.

맛없다/ 맛있다

떡볶이는 맛없어요. 하지만, 오뎅은 맛있어요.

떡볶이는 맛없**지만** 오뎅은 맛있어요.

Past tense

ㅏ or ㅗ + 았지만

others + 었지만

ㅣ → take out ㅣ + 였지만

하다 → 했지만

ㅡ → take out ㅡ + 었지만

ㅂ final consonants for adjectives → take out ㅂ + 웠지만

이 가방은 무거웠지만, 아버지 가방은 가벼웠어요.

민호씨는 잘 생겼었지만 피터씨는 못 생겼었어요.

싸다/ 비싸다
더럽다/깨끗하다
어렵다/ 쉽다
느리다/ 빠르다
좁다/ 넓다
얇다/ 두껍다
멀다/ 가깝다

~지만 is also used when you express the unexpected contrast between two sentences.

회사가 멀**지만** 아주 좋아요.

집이 아주 좋았**지만** 작았어요.

한국에 갔**지만** 한국음식을 안 먹었어요.

~의 is 's.

수지씨의 가방　　　Suzy's bag

어머니의 친구　　　Mother's friend

민수씨의 회사　　　Minsu's company

Lesson 33 -백화점은 낮지만 이 건물은 높아요.

Department store is low but the building is high.

Dialogue

대화 1

제니: **백화점은 낮지만 이 건물은 높아요.**

제니: **백화점은 낮았지만 이 건물은 높았어요.**

이 식당은 맛없다/ 저식당은 맛있다

아빠의 배낭은 무겁다/ 제 배낭은 가볍다

피터씨는 못생겼다/ 테리씨는 잘생겼다

이집의 핸드백은 싸다/ 저집의 핸드백은 비싸다

피터씨의 방은 더럽다/테리씨의 방은 깨끗하다

피터씨의 건물은 낮다/ 테리씨의 건물은 높다

민호씨의 시험은 어렵다/ 시원씨의 시험은 쉽다

버스는 느리다/ 지하철은 빠르다

시원씨의 집은 좁다/ 민호씨의 집은 넓다

이 책은 얇다/ 그 책은 두껍다

시원씨의 사무실은 멀다/ 시원씨의 사무실은 가깝다

대화 2

민수: 비빔밥을 먹고 싶었지만 순두부 찌개를 먹었어요.

비빔밥이 먹고 싶다/ 순두부 찌개를 먹다

음식이 많다/ 많이 안 먹다

잠바가 두껍다/ 춥다

제임스씨는 못생겼다/ 인기가 많다

수지씨는 학생이다/ 일을 많이 하다

영화를 좋아하다/ 자주 안 보다

Lesson 34 - 배가 고픈데 식당에서 음식을 시킬까요?
We are hungry, should we order food at the restaurant?

Vocabulary

파티에 가다/ 잘 생긴 사람이 많다	to go to party / there are many good looking people
처음으로 잡채를 먹다/ 맛있다	to eat Japchae for the first time / to be delicious
민호씨집에 가다/ 정말 크고 좋다	to go to Minho's house / to be really big and good
인터뷰를 보다/ 합격하다	to do the interview/ to pass
음식을 주문하다/ 배달이 늦다	to order food/ delivery is late
비가 오다/ 우산을 가지고 가다	to be raining/ to bring umbrella
배가 고프다/ 식당에서 음식을 시키다	to be hungry / to order food at the restaurant
날씨가 좋다/ 산에 놀러가다	weather is good / to go and hang out in the mountain
회의에 늦다/ 택시를 타다	to be late to the meeting/ to ride taxi
피곤하다/ 일을 내일 끝내다	to be tired/ to finish work tomorrow

제니씨 생일이다/ 같이 선물을 준비하다   It's Jenny's birthday / to prepare a gift together

음식이 다 되다/ 배달하다   food is all ready/ to deliver

Lesson 34 - 배가 고픈데 식당에서 음식을 시킬까요?
We are hungry, should we order food at the restaurant?

Grammar

~ 는데

~ 는데 is used to combined two sentences. The first sentence is to describe the background or situation and second sentence is to give information or suggestion about that background or situation.

Verb + ~ 는데

Past tense verb
ㅏ or ㅗ + 았는데
other vowels + 었는데

Adjectives
V + ㄴ데
C + 은데

파티에 갔는데 잘생긴 사람들이 많았어요.
비가 오는데 우산을 가지고 가세요.
잡채를 먹었는데 맛있었어요.

민호씨 집에 갔는데 정말 크고 좋았어요.
날씨가 좋은데 산에 놀러갈까요?

파티에 가다/ 잘 생긴 사람이 많다 → 파티에 갔는데 잘 생긴 사람이 많았어요.
처음으로 잡채를 먹다/ 맛있다
민호씨집에 가다/ 정말 크고 좋다
인터뷰를 보다/ 합격하다
음식을 주문하다/ 배달이 늦다

비가 오다/ 우산을 가지고 가다
날씨가 좋다/ 산에 놀러가다
회의에 늦다/ 택시를 타다
피곤하다/ 일을 내일 끝내다
제니씨 생일이다/ 같이 선물을 준비하다
배가 고프다/ 식당에서 음식을 시키다
음식이 다 되다/ 배달하다

Lesson 34 - 배가 고픈데 식당에서 음식을 시킬까요?
We are hungry, should we order food at the restaurant?

Dialogue

대화 1
제니: **어제 파티에 갔는데 잘 생긴 사람이 많았어요.**
수지: 아, 그래요?

파티에 가다/ 잘 생긴 사람이 많다
처음으로 잡채를 먹다/ 맛있다
민호씨집에 가다/ 정말 크고 좋다
인터뷰를 하다/ 합격하다
음식을 주문하다/ 배달이 늦다

대화 2

민호: 비가 오는데 우산을 가지고 갈까요?
수지: 그럴까요?

비가 오다/ 우산을 가지고 가다
날씨가 좋다/ 산에 놀러가다
회의에 늦다/ 택시를 타다
피곤하다/ 일을 내일 끝내다
제니씨 생일이다/ 같이 선물을 준비하다
배가 고프다/ 식당에서 음식을 시키다
음식이 다 되다/ 배달하다

Lesson 35 – 돈이 아주 많으면 뭐 하고 싶어요?
If you have so much money, what do you want to do?

Vocabulary

복권에 담청되다	to win the lottery
남자친구가 생기다	to get a boyfriend
결혼을 하다	to get married
백화점에 가다	to go to the department store
새해가 되다	New year comes
임신을 하다	to get pregnant
승진을 하다	to get promoted
사업이 잘 되다	business becomes successful
살이 빠지다	to have lost weight
K-pop 가수가 되고 싶다	to want to be a K-pop singer

Lesson 35 – 돈이 아주 많으면 뭐 하고 싶어요?

If you have so much money, what do you want to do?

Grammar

~ 으면 if ~ / when ~

You combine two sentences with ~ 으면. The first sentence states the condition for the second sentence.

C + 으면
V + 면

방학이 **되면** 유럽 여행을 할 거예요.
친구를 **만나면** 기분이 좋을 거예요.
피곤**하면** 집에서 쉬세요.
약을 **먹으면** 안 아플거예요.

복권에 담청되다　　→　복권에 담청되면
남자친구가 생기다
결혼을 하다
백화점에 가다
새해가 되다
임신을 하다
승진을 하다
사업이 잘 되다

살이 빠지다
K-pop 가수가 되고 싶다

Lesson 35 – 돈이 아주 많으면 뭐 하고 싶어요?
If you have so much money, what do you want to do?

Dialogue

복권에 담청되면 큰 집을 사고 싶어요.

복권에 담청되다
남자친구가 생기다
결혼을 하다
백화점에 가다
새해가 되다
임신을 하다
승진을 하다
사업이 잘 되다
살이 빠지다
K-pop 가수가 되고 싶다

Lesson 36 - 오늘 햇빛이 나요.
It's sunny today.

Vocabulary

날씨

날씨가 맑다	The weather is good.	비가 오다 / 내리다	It's raining.
날씨가 흐리다	The weather is cloudy.	소나기가 오다 / 내리다	It's raining hard.
햇빛이 나다	It's sunny.	눈이 오다 / 내리다	It's snowing.
구름이 끼다	It's cloudy.	천둥 / 번개가 치다	There is thunder.
바람이 불다	The wind is blowing.		

온도

덥다	hot
따뜻하다	warm
춥다	cold
서늘하다	cool, chilly
쌀쌀하다	chilly
시원하다	cool

계절

봄	spring	꽃이 피다	Flowers bloom.
여름	summer	장마가 시작되다	Long rainy season starts.
가을	fall	단풍이 지다 / 들다 낙엽이 떨어지다	Leaves change color/ leaves fall.
겨울	winter	눈이 쌓이다 / 얼음이 얼다	Snow gathers/ ice freezes.

Lesson 36 - 오늘 햇빛이 나요.

It's sunny today.

Grammar

오늘 날씨가 어때요?

날씨가 맑아요
날씨가 흐려요
비가 와요/ 내려요
햇빛이 나요
소나기가 와요/ 내려요
구름이 꼈어요
눈이 와요/ 내려요
바람이 불어요
천둥/ 번개가 쳐요

더워요
따뜻해요
추어요
서늘해요
쌀쌀해요

시원해요

봄에 무슨일이 일어나요 ? What happens in the spring?

꽃이 펴요 .
장마가 시작되요
단풍이 져요/ 들어요
눈이 쌓여요
얼음이 얼어요

Lesson 36 - 오늘 햇빛이 나요.

It's sunny today.

Dialogue

날씨

민호: 오늘 날씨가 어때요?

수지: 날씨가 맑아요.

날씨가 맑다

날씨가 흐리다 비가 오다/ 내리다

햇빛이 나다 소나기가 오다/ 내리다

구름이 끼다 눈이 오다/ 내리다

바람이 불다 천둥/ 번개가 치다

온도

민호: 오늘 날씨가 어때요?

수지: 더워요.

덥다

따뜻하다

춥다

서늘하다

쌀쌀하다

시원하다

계절

민호: 봄에 무슨일이 일어나요?　　What happens in the spring?

수지: 꽃이 펴요.

봄 - 꽃이 피다

여름- 장마가 시작되다

가을- 단풍이 지다/ 들다

겨울- 눈이 쌓이다/ 얼음이 얼다

민호: 봄이 오면 뭐 할 거예요?

수지: 꽃 구경 갈 거예요. 민호씨는요?

민호: **산에 놀러 갈 거예요.**

봄   여름   가을   겨울
날씨가 맑다   비가 오다   눈이 오다   날씨가 흐리다

Lesson 37 - 회의를 하니까 조용히 하세요.
We are in the meeting so please be quiet.

Vocabulary

회의하다/ 조용히 하다	to have a meeting/ to be quiet
떠나다/ 짐을 싸다	to leave/ to pack luggage
손님이 오다 / 정리하다	guest comes/ to organize
시험을 치다/ 복습하다	to do the test/ o review
수업을 듣다/ 예습하다	to listen to the lesson/ to preview, pre-study
돌아오다/ 깨끗이 청소하다	to return/ to clean well
일이 힘들다/ 그만두다	work is hard/ to quit
서류를 준비하다/ 빨리알아보다	to prepare document/ to research, check, inquire
통화하다/ 나중에 만나다	to be on the phone/ to meet later
중요하다/ 꼭 알아보다	to be important/ to research for sure

Lesson 37 - 회의를 하니까 조용히 하세요.

We are in the meeting so please be quiet.

Grammar

~ 니까

~ 니까 combines two sentences. ~ 니까 has the same meaning as ~ 아/어서. The first sentence is the reason for the second sentence.
However, unlike ~ 아/어서, ~ 니까 can be used when making a suggestion or command.
~ 아/어서 can not be used with a suggestion or command in a sentence.

피곤**하니까** 내일 만나요.   □ suggestion/ command
피곤**해서** 내일 만나요. (x)

수지씨가 집에 **없으니까** 다음에 다시 와요.
집에 김치가 **없으니까** 오늘 가게에서 사세요.
생일이니까 좋은 식당에 갈까요?

C + 으니까   먹/ 다   먹으니까
V + 니까   가/다   가니까

Past Tense

C + 었으니까　　　먹/ 다　　　먹었으니까
V + 았으니까
하다 → 했으니까　　가/다　　　갔으니까

회의하다/ 조용히 하다　→　회의 하니까 조용히 하세요/ 회의 했으니까 조용히 하세요
떠나다/ 짐을 싸다
손님이 오다 / 정리하다
시험을 치다/ 복습하다
수업을 듣다/ 예습하다
돌아오다/ 깨끗이 청소하다
일이 힘들다/ 그만두다
서류를 준비하다/ 빨리 알아보다
통화하다/ 나중에 만나다
중요하다/ 꼭 알아보다

Lesson 37 - 회의를 하니까 조용히 하세요.

We are in the meeting so please be quiet.

Dialogue

민호: **회의를 하니까 조용히 하세요.**

회의하다/ 조용히 하다
떠나다/ 짐을 싸다
손님이 오다 / 정리하다
시험을 치다/ 복습하다
수업을 듣다/ 예습하다
돌아오다/ 깨끗이 청소하다
일이 힘들다/ 그만두다
서류를 준비하다/ 빨리 알아보다
통화하다/ 나중에 만나다
중요하다/ 꼭 알아보다

Lesson 38 - 다음에 제가 맛있는 식당을 추천할게요.

I will recommend a delicious restaurant next time.

Vocabulary

인사하다	to greet
다니다	to go and attend regularly (school, work, institute, etc.)
생각해보다	to think about (something)
추천하다	to recommend
갖다주다	to bring and give
사용하다	to use
고르다	to select, choose, pick
선택하다	to choose, select, pick
가져오다	to bring
전하다	to deliver, to let them know, to tell
계속하다	to continue doing
취직하다	to get a job
정하다	to decide
별로	not very, not particulary

Lesson 38 - 다음에 제가 맛있는 식당을 추천할게요.

I will recommend a delicious restaurant next time.

Grammar

~ 게요 is used when the speaker is expressing his/ her intention.

It is also often used when the speaker is saying what the speaker will do or making a promise to the other speaker.

Unlike ~ 래요, ~ 게요 can not be used to ask questions.

Also, ~ 게요 can not be used when you are talking about third person.

민호씨 아버지를 보면 인사할게요.
내일 식당을 추천할게요.
저는 이 가방을 고를게요.
수지씨 올때 까지 기다릴게요.

한국어 공부를 계속할래요? (o)
한국어 공부를 계속할게요? (x)
민호씨가 집에 갈게요. (x)

인사하다 → 인사할게요
다니다

생각해보다
추천하다
갖다주다
사용하다
고르다
선택하다
가져오다
전하다
계속하다
취직하다

Lesson 38 - 다음에 제가 맛있는 식당을 추천할게요.

I will recommend a delicious restaurant next time.

Dialogue

대화1
민호: **저는 전화를 할게요.**
시원: **저는 인터넷을 사용할게요.**

전화를 하다/ 인터넷을 사용하다
일본어학원에 다니다/ 영어 학원에 다니다
이 구두를 사다/ 한번 생각해보다
이 가방으로 정하다/ 나중에 선택하다
이 일을 그만두다/ 계속하다
오늘 사장님한테 인사하다/ 내일 인사하다

대화2

민호: **음식이 별로 맛없었어요.**
시원: **다음에 맛있는 식당을 추천할게요.**

음식이 별로 맛없다/ 다음에 맛있는 식당을 추천하다
서류를 갖다 주어서 고맙다/ 다음에 제가 갖다주다
색깔이 오늘 3시까지 필요하다/ 오늘 3시까지 고르다
내일 회의가 있다/ 내일 회사에 서류를 가져오다
오늘 아파서 학교에 못가다/ 선생님한테 전하다
돈이 더 필요하다/ 빨리 취직하다

Lesson 39 - 저는 중국음식을 먹을래요.

I would like to eat Chinese food.

Vocabulary

먹다	to eat
술한잔하다	to have a drink
주문하다	to place an order
예약하다	to make a reservation
상담하다	to have a consultation
계약하다	to close or sign a contract
도와주다	to help
갈아입다	to change clothes
넣다	to insert

Lesson 39 - 저는 중국음식을 먹을래요.

I would like to eat Chinese food.

Grammar

~래요 I would like ~/ I will ~

~래요 is used when the speaker is expressing what he/she wants.

It s meaning is close to 'I want to~' but has stronger one's intention. It's more like, 'I would like to ~' or 'I will~) It can be used to ask a question but it can not be used for third person.

오늘 짐을 쌀래요
손님이 오니까 방을 정리할래요.
내일 일을 그만 둘래요.
나중에 통화할래요?

민호씨는 시험보기 전에 복습할래요. (x)

C + 을래요.   먹/다   먹을래요

V + ㄹ 래요   가/다   갈래요

먹다   →   먹을래요
술한잔하다
주문하다
예약하다
상담하다
계약하다
도와주다
갈아입다
넣다

Lesson 39 - 저는 중국음식을 먹을래요.

I would like to eat Chinese food.

Dialogue

대화1

민호: **뭐를 드실래요?**

수지: **저는 중국음식을 먹을래요.**

중국음식을 먹다

제니씨하고 술한잔하다
만두를 주문하다
하와이 호텔에 예약하다
시원씨하고 상담하다
내일 아침에 계약하다
점심을 갖다주다
드레스로 갈아입다
오늘 오후에 돈을 넣다

대화2

식사후에 _____

제니씨가 오기전에 _____

민호씨가 전화할때 _____

식당에서 _____

수업이 끝나면 _____

배가 안 고프지만 _____

주문하기 싫지만 _____

휴가때 _____

결혼하면 _____

이사후에 _____

Lesson 40 - 돈을 많이 모은 후에 큰 집을 살 거예요.

After saving lots of money, I will buy a big house

Vocabulary

돈을 찾다	to get (withdraw) money
돈을 보내다	to send money
돈을 받다	to receive money
돈을 쓰다	to spend money
돈을 빌리다	to borrow money
돈을 저축하다	to save money
돈을 아끼다	to save money (not spend money, be thrifty with money)
돈을 벌다	to earn money
돈을 갚다	to give back money
돈을 모으다	to save, gather money

Lesson 40 - 돈을 많이 모은 후에 큰 집을 살 거예요.

After saving lots of money, I will buy a big house

Grammar

~ 은 후에   After + Verb

C + 은 후에 먹/다 점심을 먹은 후에

V + ㄴ 후에 가/다 학교에 간 후에

상담한후에 선택하세요.

드레스로 **갈아입은 후에** 사진 찍을 거예요.

알아본 후에 계약할래요.

사진을 본 후에 주문할래요.

돈을 찾다   □   돈을 찾은 후에

돈을 보내다

돈을 받다

돈을 쓰다

돈을 빌리다

돈을 저축하다

돈을 아끼다

돈을 벌다

돈을 갚다

돈을 모으다

Lesson 40 - 돈을 많이 모은 후에 큰 집을 살 거예요.

After saving lots of money, I will buy a big house

Dialogue

수지: **돈을 찾은 후에** 뭐 할 거예요?

민호: **돈을 찾은 후에 좋은 차를 살 거예요.**

돈을 찾다

돈을 보내다

돈을 받다

돈을 쓰다

돈을 빌리다

돈을 저축하다

돈을 아끼다

돈을 벌다

돈을 갚다

돈을 모으다

Lesson 41 - 지금 여행을 계획하고 있어요.
I am planning a trip now.

Vocabulary

정리하다	to organize
머리하다	to do hair
포장하다	to package, pack, wrap, giftwrap
확인하다	to confirm
고민하다	to worry
계획하다	to plan
연습하다	to practice
통역하다	to interpret
번역하다	to translate
구하다	to find, look for
싸우다	to fight, argue

Lesson 41 - 지금 여행을 계획하고 있어요.

I am planning a trip now.

Grammar

~ 고 있어요

~ 고 있어요 is used when you are expressing present progressive tense.
~ 고 있어요 means you are doing something right now.
You can simply take out 다 from the verb and attach 고 있어요.

Verb stem + ~ 고 있어요

정리하다   ->   정리하고 있어요.
머리하다
포장하다
확인하다
고민하다
계획하다
연습하다
통역하다
번역하다
구하다
싸우다

Lesson 41 - 지금 여행을 계획하고 있어요.

I am planning a trip now.

Dialogue

수지: 지금 뭐하고 있어요?
제니: **여행을 계획하고 있어요.**

여행을 계획하다
사무실을 정리하다
미용실에서 머리하다
선물을 포장하다
예약을 확인하다
인터뷰를 고민하다
피아노를 연습하다
영어를 통역하다
한국어를 번역하다
방을 구하다
동생하고 싸우다

Lesson 42 – 새해부터 살을 빼기로 했어요.
I'm planning to lose weight starting in the new year.

Vocabulary

살을 빼다	to lose weight
마중나가다	to go out to meet (when someone is coming)
안내하다	to guide, show the way
조깅하다	to jog
결석하다	to miss or skip a class
다이어트하다	to do diet
돌려주다	to return
출근하다	to go to work, get to work
퇴근하다	to get off work
출장가다	to go on a business trip
휴가내다	to take days off from work
담배를 끊다	to quit smoking
살다	to live
가수가 되다	to become a singer

Lesson 42 – 새해부터 살을 빼기로 했어요.

I'm planning to lose weight starting in the new year.

Grammar

~기로 하다

~기로 하다 means 'I am plannig to ~' or 'I have a plan to ~'. 'I decided to~'
You can use this expression when ;
- You are expressing your plans or intention to do something
- You are saying you have a plan or appointment with someone

Verb stem + 기로 했어요

결심, 계획

이제부터 술을 안 마시기로 했어요.
내일부터 다이어트하기로 했어요.

약속

내일 수직씨랑 데이트하기로 했어요.
공항에 아버지를 마중나가기로 했어요.
살을 빼다   →   살을 빼기로 했어요.
마중나가다

안내하다
조깅하다
결석하다
다이어트하다
돌려주다
출근하다
퇴근하다
출장가다
휴가내다
담배를 끊다
살다
가수가 되다

Lesson 42 – 새해부터 살을 빼기로 했어요.
I'm planning to lose weight starting in the new year.

Dialogue

대화 1

수지: 새해부터 뭐하기로 했어요?

제니: **살을 빼기로 했어요.**

살을 빼다

조깅하다

학교 결석을 안 하다

다이어트하다

회사에 일찍 출근하다

회사에서 일찍 퇴근하다

담배를 끊다

미국에서 살다

가수가 되다

휴가내다

대화 2

수지: 오늘 같이 저녁식사 할까요?

제니: 미안해요. 저녁식사 못해요. **공항에 아버지를 마중나가기로 했어요.**

공항에 아버지를 마중나가다

시원씨한테 동네를 안내하다

시원씨하고 도서관에 책을 돌려주다

미국에 출장가다

시원씨하고 운동하다

박물관에 가다

시원씨하고 사무실을 정리하다

시원씨하고 노래 연습하다

Lesson 43 - 수지씨한테서 이메일이 왔어요.

There's an email from Suzy.

Vocabulary

이메일을 받다	to receive an email
연락이 오다/ 받다	to get a contact/ to receive a contact
선물을 받다	to receive a gift
돈을 받다	to receive money
전화를 받다	to receive a phone call
이야기를 듣다	to hear a story
소식을 듣다	to hear the news
소문을 듣다	to hear the rumor
칭찬을 받다	to receive a praise

Lesson 43 - 수지씨한테서 이메일이 왔어요.

There's an email from Suzy.

Grammar

~에게서/ 한테서 from ~

어머니**한테서** 편지를 받았어요.

친구**에게서** 칭찬을 받았어요.

민호씨**에게서** 이메일이 왔어요.

이메일을 받다 → 동생한테서 이메일을 받았어요.

연락이 오다/ 받다

선물을 받다

돈을 받다

전화를 받다

이야기를 듣다

소식을 듣다

소문을 듣다

칭찬을 받다

Lesson 43 - 수지씨한테서 이메일이 왔어요.

There's an email from Suzy.

Dialogue

수지: 누구한테서 **이메일이 왔어요?**

제니: **시원씨한테서 이메일이 왔어요.**

시원/ 이메일이 오다

엄마/ 이메일을 받다

아버지/ 연락이 오다/ 받다

친구/ 선물을 받다

피터/ 돈을 받다

민호/ 전화를 받다

오빠/ 이야기를 듣다

이웃집 아줌마/ 소식을 듣다

이웃집 아저씨/ 소문을 듣다

할아버지/ 칭찬을 받다

Lesson 44 - 신용 카드로 계산해도 돼요?

Is it okay if I pay by credit card?

Vocabulary

구입하다	to purchase
주문하다	to place an order
환불하다	to refund
환불 받다	to receive a refund
취소하다	to cancel
배송하다	to deliver, ship
계산하다	to pay
결제하다	to pay
반품하다	to return, bring back
영수증	receipt
신용카드	credit card
현금	cash

Lesson 44 - 신용 카드로 계산해도 돼요?

Is it okay if I pay by credit card?

Grammar

~ 아/어도 되다 'It is okay if~' or 'I could ~'

~ 아/어도 되다 is used when you are giving/ asking for permission to do something.

ㅏ or ㅗ + ~ 아도 되다

others + ~ 어도 되다

하다 --> 해도 되다

여기에서 담배를 펴도 돼요?

지금 방에 들어가도 돼요?

여기에서 음식을 먹어도 돼요.

여기에 주차해도 돼요.

~ 으면 안되다 'can not ~'

~ 으면 안되다 is used when you say someone can't do something.

The permission is not given.

C + 으면 안 되다

V + 면 안 되다

담배피면 안돼요.

여기에서 소리치면 안돼요.

지금 전화하면 안돼요.

구입하다　　→　구입해도 돼요/ 구입하면 안돼요.

Lesson 44 - 신용 카드로 계산해도 돼요?

Is it okay if I pay by credit card?

Dialogue

민호: **신용카드로 계산해도 돼요?**

시원: **신용카드로 계산하면 안돼요. 현금으로 계산해야 해요.**

신용카드로 계산하다/ 현금으로 계산하다

물건을 너무 싸게 구입하다/ 적당한 가격에 구입하다

인터넷으로 주문하다/ 가게에서 주문하다

영수증이 없는데 환불하다/ 영수증이 있다

현금으로 환불 받다/ 다른 물건으로 바꾸다

주문을 취소하다/ 배송을 받다

신용카드로 결제하다/ 현금으로 결제하다

학교에서 뭐를 하면 돼요? 안돼요?

회사에서 뭐를 하면 돼요? 안돼요?

식사때 뭐를 하면 돼요? 안돼요?

첫 데이트할때 뭐를 하면 돼요? 안돼요?

인터뷰할때 뭐를 하면 돼요? 안돼요?

Lesson -45 – 프린터가 고장이 났는데 고쳐 주세요.

The printer is broken, please fix it for me.

Vocabulary

고치다	to fix
확인하다	to confirm
추천하다	to recommend
고장나다	to be broken (machine)
보이다	to show
보다	to see
열다	to open
닫다	to close
들다	to lift
알리다	to tell, let (them) know, inform
키다	to turn on (lights)
가르치다	to teach, let (them) know

Lesson 45 – 프린터가 고장이 났는데 고쳐 주세요.

The printer is broken, please fix it for me.

Grammar

~ 아/ 어 주다 (do something) for (someone)

~아/어 주다 can be used in following situations.

1. You are doing something for someone.

동생한테 떡볶이를 만들어 주었어요.

수지씨 생일때, 수지씨한테 요리해 주었어요.

2. You are asking for someone to do something.

이 에세이 좀 봐 주세요.

책을 빌려 주세요.

3. You are suggesting to offer help. ☐ often honorific form 드리다 (honorific form for 주다) is used.

불을 켜 드릴까요?

민호씨한테 말해 드릴까요?

ㅏ or ㅗ + 아 주다

others + 어 주다

하다 → 해 주다

고치다 →   고쳐 주다/ 고쳐 주세요/ 고쳐 드릴까요?

확인하다

추천하다

보이다

보다

열다

닫다

들다

알리다

키다

가르치다

When someone says ~ 어/ 아 주세요, you answer it with honorific form.

민호씨한테 **말해 주세요.**
네, 민호씨한테 **말해 드릴께요.**

핸드폰을 **찾아 주세요.**
네, **찾아 드릴께요.**

On the other hand, when someone is offering help, you don't answer in the honorific form.

In Korean culture, we do not elevate ourselves to others so we don't use honorific form for ourselves.

책을 **빌려 드릴까요**?
네, **빌려 주세요.**

친구한테 **전화 걸어 드릴까요**?
네, **전화 걸어 주세요.**

Lesson 45 – 프린터가 고장이 났는데 고쳐 주세요.

The printer is broken, please fix it for me.

Dialogue

대화 1

민호: **어제 수지씨 컴퓨터가 고장이 났었는데 고쳐 주었어요.**

시원: 아, 그래요? **저도 커퓨터를 고쳐 주실수 있어요?**

컴퓨터가 고장이 났는데 고치다

주소를 확인하다

좋은 식당을 추천하다

웨딩드레스를 보이다

서류를 보다

창문을 열다

문을 닫다

무거운 짐을 들다

회사 소식을 알리다

방에 불을 키다

길을 가르치다

대화 2

수지: **컴퓨터가 고장났는데 고쳐 주세요.**

민호: 네, **고쳐 드릴께요.**

대화 3

민호: **컴퓨터가 고장 났는데 고쳐 드릴까요?**

수지: 네, **고쳐 주세요.** 감사합니다.

컴퓨터가 고장이 났는데 고치다

주소를 확인하다

좋은 식당을 추천하다

웨딩드레스를 보이다

서류를 보다

창문을 열다

문을 닫다

무거운 짐을 들다

회사 소식을 알리다

방에 불을 키다

길을 가르치다

Lesson 46 – 중요한 선물인데 신경 써 주시겠어요?
It's an important gift, could you please give attention for me?

Vocabulary

도와주다	to help
사진찍다	to take pictures
조용히하다	to be quiet
바꾸다	to change
신경쓰다	to give attention
부탁하다	to ask for a favor
잃어버리다	to lose (something)
찾다	to find
처방하다	to give prescription, prescribe medicine
교환하다	to exchange, change
환불하다	to give refund
포장하다	to pack, gift-wrap

Lesson 46 – 중요한 선물인데 신경 써 주시겠어요?

It's an important gift, could you please give attention for me?

Grammar

ㅏ or ㅗ + 아 주시겠어요?

Others + 어 주시겠어요?

하다 ▢ 해 주시겠어요?

아/ 어 주시겠어요? is used when you are asking for a favor to someone in a very polite way.

The person who is answering to the question will also answer in a polite way using ~ 드릴게요.

이 일이 중요한데 신경 좀 **써 주시겠어요**?

네, 신경 **써 드릴게요**.

저희 사진 좀 **찍어 주시겠어요**?

네, **찍어 드릴게요**.

도와주다 → 도와 주시겠어요?/ 도와 드릴게요.

사진찍다

조용히하다

바꾸다

신경쓰다

부탁하다

찾다

처방하다

교환하다

환불하다

포장하다

Lesson 46 – 중요한 선물인데 신경 써 주시겠어요?

It's an important gift, could you please give attention for me?

Dialogue

시원: **이 일이 중요한데 신경 써 주시겠어요?**

민호: 네, **신경써 드릴게요.**

이 일이 중요한데 신경쓰다

숙제를 도와주다

사진을 찍다

회의를 하는데 조용히하다

양복을 바꾸다

수지씨한테 부탁하다

가방을 잃어버렸는데 찾다

많이 아픈데 약을 처방하다

치마가 마음에 안드는데 교환하다

현금으로 환불하다

수지씨 선물인데 포장하다